高职高专"十四五"规划教材

课堂育人教程

向罗生　向洪　编著

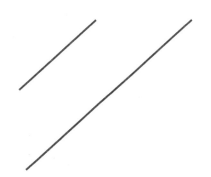

中国·武汉

图书在版编目(CIP)数据

课堂育人教程/向罗生,向洪编著.—武汉:华中科技大学出版社,2021.6
ISBN 978-7-5680-7221-2

Ⅰ.①课… Ⅱ.①向… ②向… Ⅲ.①高等职业教育-文化素质教育-研究 Ⅳ.①G718.5

中国版本图书馆 CIP 数据核字(2021)第 106506 号

课堂育人教程　　　　　　　　　　　　　　　　　　　　　　　向罗生　向　洪　编著
Ketang Yuren Jiaocheng

策划编辑：彭中军
责任编辑：狄宝珠
封面设计：孢　子
责任监印：朱　玢
出版发行：华中科技大学出版社(中国·武汉)　　电话：(027)81321913
　　　　　武汉市东湖新技术开发区华工科技园　　邮编：430223
录　　排：华中科技大学惠友文印中心
印　　刷：武汉科源印刷设计有限公司
开　　本：787mm×1092mm　1/16
印　　张：7.75
字　　数：199 千字
版　　次：2021 年 6 月第 1 版第 1 次印刷
定　　价：39.00 元

本书若有印装质量问题,请向出版社营销中心调换
全国免费服务热线：400-6679-118　竭诚为您服务
版权所有　侵权必究

前　言

习近平总书记在全国教育大会上强调,要坚持中国特色社会主义教育发展道路,培养德智体美劳全面发展的社会主义建设者和接班人,要努力构建德智体美劳全面培养的教育体系,形成更高水平的人才培养体系。这些重要论述和要求对于我国高职教育发展具有重大现实意义和长远战略意义。

为全面贯彻落实新时代党的教育方针,促进素质教育融入人才培养全过程,提高学生综合素质,培养人格高尚、知行统一的社会主义事业合格建设者和可靠接班人,我校于2018年率先在湖南高职院校中启动并实施了学生综合素质测评工作,制定《湖南工业职业技术学院学生综合素质测评实施办法》,并成立专门领导小组,形成校院班三级测评工作体系。测评指标主要从道德品行、学业成绩、创新创业和实践活动四个方面展开,同时制定了《湖南工业职业技术学院学生综合素质测评实施办法实施细则》,细则明确了工作目标和学校、相关职能部门、二级学院、辅导员、班主任及班级的职责分工,并对测评记录程序、考核、考核结果运用和保障措施做了明确的规定。根据学生知行合一、全面发展需要,我校将学生综合素质测评结果全面应用于学生评奖、评先、评优工作中,于2019年5月研究制定了《湖南工业职业技术学院学生奖励办法(试行)》,并于同年9月1日正式施行,《办法》中明确指出,学校奖助学金评定、学习标兵、文明班级、优秀班集体、优秀共青团员等各类学生评先评优、评奖评助都直接与学生的综合素质测评挂钩。通过学生综合素质测评一系列工作,为帮助学生形成良好的学习、生活习惯,促进校风、学风建设起到了重要作用。此外,我校还依托"智慧校园"建设,建立基于校园大数据的学生发展质量监测与评价系统,后续学生综合素质测评工作将通过测评系统在网上完成相关材料的提交和申报,并依托区块链技术的职业教育评价系统,全方位、多角度开展学生综合素质测评工作。

为切实落实习近平总书记在全国高校思想政治工作会议上携手各类课程与思想政治理论课同向同行的指示精神,自2018年9月起,我校所有专业课堂教学中创先引入"课堂育人三分钟"环节,要求各专业授课的专任教师在每一次授课中,必须有3分钟左右的时间开展"五育"方面的教育,此项举措得到广大教师们的积极响应,并获得学生们的认可和喜爱。为了更好地促进"五育"并举、"五育"融合工作有序开展,实现学生"五育"协调发展,提升我校学生综合素质不断提高,我校组织本书编写,从教育生态学视域来探讨德智体美劳融合育人的内涵、特征及其意义向度,对高校德智体美劳融合育人的本质内涵进行慎思与重构,是对学生品德、知识、技能和素质的塑造。本书主要具有以下特色:①注重高职学生"个性发展与社会发展相统一"的主体——发展性,高职特色鲜明,指导适用性强;②注重高职学生"综合素养与专业教育相融合"的超越——适应性,突破传统教材编写体例,实现各学科的全面育人;③注重高职学生"显性知识与隐性知识相转化"的体验——实践性,寓理性于生动教学情景,极具阅读情理性。

本书编著是集体智慧的结晶,从编写提纲的拟定,到初稿完成后的修改,经过多次集体讨论。本书编写大纲由湖南工业职业技术学院校长向罗生同志及马克思主义学院院长苏茂芳同志主审,向罗生、向洪编著,其他同志:向桂珍、赵亮、张月、黄怡、廖良、胡康、黄立峰、欧阳海飞、张小林、刘思宇、张铃娣等同志也参与本书编著。本书适用于各类职业院校师生课堂教学或课外阅读学习。

由于编者水平有限和时间仓促,疏漏之处在所难免,欢迎使用本书的各位老师和学生多提宝贵意见,以期在今后的修订中更加完善。希望本书能成为高职课程思政和"五育"并举方面的教辅资料,成为高职学生成长的良师益友,为高职学生健康成长、认识自我、发展自我、与他人与社会和谐相处提供理论指导。受到出版社编辑老师的专业指导,书中引用了一些专家、学者的研究成果,谨此一并致谢!

作者

2021 年 4 月

目　录

第一章　道德育人 …………………………………………………………（1）
　　第一节　青春之问 ……………………………………………………（1）
　　第二节　品德教育 ……………………………………………………（7）
　　第三节　社会主义核心价值观 ………………………………………（15）

第二章　文化育人 …………………………………………………………（19）
　　第一节　国情教育 ……………………………………………………（19）
　　第二节　优秀传统文化教育 …………………………………………（24）
　　第三节　法治文化 ……………………………………………………（32）
　　第四节　卓越工业文化教育 …………………………………………（40）

第三章　健体育人 …………………………………………………………（50）
　　第一节　以体育人 ……………………………………………………（50）
　　第二节　心理育人 ……………………………………………………（55）
　　第三节　安全育人 ……………………………………………………（61）

第四章　美育育人 …………………………………………………………（74）
　　第一节　工业之美 ……………………………………………………（74）
　　第二节　网络之美 ……………………………………………………（87）
　　第三节　生态之美 ……………………………………………………（91）

第五章　劳动育人 …………………………………………………………（100）
　　第一节　劳动品质 ……………………………………………………（100）
　　第二节　劳动养成 ……………………………………………………（104）
　　第三节　劳动创造 ……………………………………………………（110）

参考文献 …………………………………………………………………（116）

第一章 道德育人

习近平总书记强调,"人无德不立,育人的根本在于立德"。筑牢新时代青年大学生道德根基,是事关党和国家前途命运的重大任务。把当代大学生培育成德智体美劳全面发展的社会主义建设者和接班人,是当前社会主义高校立德树人的根本任务。历史是最好的教科书,我们亟须充分认识人才失德的危害性与人才修德的重要性。只有将道德培育置于基础地位,社会主义高等教育才能担负起新时代强国使命,中华民族伟大复兴才能在当代广大青年的接力奋斗中变为现实。

第一节 青春之问

大学时期是世界观、人生观、价值观形成的关键时期。习近平同青年大学生座谈时强调:"要树立正确的世界观、人生观、价值观,掌握了这把总钥匙,再来看看社会万象、人生历程,一切是非、正误、主次,一切真假、善恶、美丑,自然就洞若观火、清澈明了,自然就能作出正确判断、作出正确选择。"大学生思考和规划自己的人生之路,首先要学会科学看待人生的根本问题,认识个人与社会的辩证关系,掌握人生观的基本理论。

一 辩证唯物的世界观

辩证唯物主义是中国共产党人应遵循的世界观、方法论。坚持马克思主义辩证唯物主义世界观应遵循唯物辩证法的观点,以唯物论观点为基础,承认物质第一性,意识第二性,将人的实践活动作为研究对象,坚持辩证的观点去研究世界的本质,看到世界是普遍联系的有机整体,以及世界的变化与发展,从而运用辩证思维,去认识世界、改造世界,以辩证思维来指导自己的实践行为和思想,通过实践和思考,形成科学的辩证唯物主义世界观。

作为新时代大学生我们要形成科学的辩证唯物主义世界观,需要坚持运用马克思主义的辩证唯物主义和历史唯物主义原理,从而能够保证自己不会偏离正确的人生路线,有效应对人生成长过程中的风雨。

【案例呈现】

这群00后为战"疫"贡献青春力量

非常时期,我校学子们踊跃加入家乡的疫情防控志愿服务队伍中,他们用实际行动展现新时代大学生的勇敢与担当。

"这份工作会很辛苦,还可能存在风险,你想清楚了吗?""嗯,我报名。我是一名党员,党员肯定要冲在前面。"当汽车制造专业18-1班高幸同学看到汨罗市蓝天救援队招募志愿者的消息时，他立马报了名。2020年2月13日开始，他跟随队伍在汨罗市敬老院、高铁站、各中小学校、菜市场等公共场所开展针对新型冠状病毒的消杀工作。穿着防护服，背着近60斤的消毒器械，一天八个小时的工作下来，高幸已是满头大汗、全身湿透，他却说："能为家乡的防疫工作尽微薄之力，我很自豪。"

高幸（右一）在高铁站进行消杀工作

"姐姐担心我，发来短信让我待在家里，可我还是设置了凌晨2点的闹钟，偷偷地去。"新能源19-1班佘攀印同学加入长沙市望城区丁字湾街道翻身村的志愿服务队伍，负责测量进出社区人员的体温、统计人员信息，年轻的他主动选择了凌晨3:00—9:00的晚班，通宵值守。2月12日凌晨4点，他发现一位要进入社区的大叔体温异常。他立即和一旁的村干部反映，联系负责人把大叔带到医院暂时隔离，所幸检查出来只是普通感冒。"当时我也有点害怕，但从未想过放弃。看到那么多同胞在一线战斗，我不做点什么，心里感到不安。"

佘攀印检查进出社区人员

2020年2月的内蒙古室外气温已低至零下17摄氏度,"爷爷,我们赤峰市已经有9例确诊的了,您一定要少出屋,勤洗手。"新能源19-6班陈兴驰同学一边为出入小区的居民测体温,一边劝导大家注意防护。看到没有口罩的老人们,他还把社区发给志愿者的多余口罩给了他们,"谢谢!这孩子真不错!"接过口罩的老人连声道谢。自成为滨河社区的志愿者以来,陈兴驰每天蹲守指定小区门口,登记出入居民信息、测量体温、维持秩序、宣传防控知识。"我看到那些参加防疫工作的人员大年三十也没休息,下雪天都在小区门口值班,特别感动,我就想去帮他们分担一些。"

陈兴驰在滨河社区当志愿者

在湖南省湘潭市杨家桥镇福星村,模具18-4班崔博同学主动请缨加入村里疫情防控队伍中,挨家挨户摸查统计村民有无与外界人员接触、近期行程及健康情况等。

崔博挨家挨户进行疫情排查

有时碰到个别年龄较大的村民不理解不配合,他就一遍遍耐心地解释,告诉他们疫情的严重性和新冠肺炎的主要传播途径,最终获得了村民们的信任。"虽然个人力量微薄,但我相信只要我们万众一心、众志成城,就没有我们过不去的坎。"他坚定地说道。

没有豪言壮语,没有分文报酬,只有勇担责任和踏实肯干,这群00后志愿者们为打赢疫情防控阻击战贡献青春力量。

【案例思考】

从我院这次疫情防控阻击战中涌现出来的先进人物身上,我们得到了什么启示?

【案例点评】

习近平总书记在纪念五四运动100周年大会上指出,"时代呼唤担当,民族振兴是青年的责任。""只要青年都勇挑重担、勇克难关、勇斗风险,中国特色社会主义就能充满活力、充满后劲、充满希望。"在疫情面前,作为新时代的大学生,我们应该努力彰显新一代青年学子的青春担当,用青年人的朝气和活力践行"党有号召、团有行动"的铮铮誓言,在担当中历练,在尽责中成长。

二　高尚进取的人生观

人生观是世界观对待人生问题的具体体现,是世界观的重要组成部分。我们的人生需要科学高尚的人生观来指引,那么就要求我们追求高尚的人生目标,确立积极进取的人生态度,正确认识人生价值。

【案例呈现】

一个集满中国六大荣誉的人:"人民科学家"程开甲

程开甲,男,汉族,中共党员、九三学社社员,1918年8月生,2018年11月去世,江苏吴江人,原国防科工委科技委常任委员,中国科学院院士。他是我国核武器事业的开拓者、我国核试验科学技术体系的创建者之一。他先后参与和主持首次原子弹、氢弹试验,以及"两弹"结合飞行试验等多次核试验,为建立中国特色核试验科学技术体系,锻造改革开放安全屏障,推进科技强国事业作出杰出贡献。

程老一生中,共获得了6个全国最高荣誉勋章,它们分别是:"中国科学院院士""改革先锋奖章获得者""两弹一勋功勋奖章获得者""人民科学家""八一勋章获得者""国家最高科学技术

奖获得者",集6项全国最高荣誉勋章的人全国仅有程开甲院士一人。程老一生信念坚定、理想永存。他对党无限忠诚,对祖国和人民无比热爱,用自己的一生实践了他入党申请书上"一辈子跟党走,个人一切交给党"的誓言。程老的英名与功绩,将永远与"两弹一星"事业的丰功伟绩融为一体,记载在中华民族的光辉史册上!他的崇高品德和革命精神将永远铭刻在人民心中!

【案例思考】

程开甲院士传奇一生的经历,对我们当代青年树立正确人生观有什么启示?

【案例点评】

一个人从呱呱落地那天起,便开始了人生的旅程。每个人只能从自身的生活实践中逐渐了解人生、探索人生、熟悉人生,懂得做人的道理。当然由于人们所处的时代背景、社会地位和经历不同,观察人生诸多问题的角度不同,对人生的看法也会各有不同。有一次,记者曾问程老:"当初决定回国的时候是怎么想的?"程开甲说:"对于这个问题,刚离开英国时,我想得并不多。但回国后,尤其是到了晚年,在总结自己人生的时候,我很感慨:我如果不回国,可能会在学术上有更大的成就,但最多是一个二等公民身份的科学家,绝不会有这样幸福。而我现在所做的一切,都和祖国紧紧地联系在一起。"

2018年11月17日,101岁的程开甲走完了他的一生。那一年,他也当选了感动中国人物,他的颁奖词这样写道:空投、平洞、竖井、朔风、野地、黄沙,戈壁寒暑成大器,于无声处起惊雷!一片赤诚、一生奉献、一切都和祖国紧紧相连。黄沙百战穿金甲,甲光向日金鳞开!

作为当代大学生要从程开甲等老一辈科学家先进事迹中吸取信仰力量,树立正确的人生观。首先,要端正人生态度。大学生必须以认真的态度对待自己的人生,明确生活目标,正确认识和处理人生中遇到的各种问题。应当遵循客观规律并从人生实际出发来规划自己的人生,正确处理理想与现实之间的矛盾,面对各种挫折和困难要有坚强的承受力,要以积极进取、开拓创新的态度迎接人生的各种挑战。其次,要提高自我教育、自我改造的自觉性。科学人生观的形成,离不开人们的自觉性。要树立起正确的人生观就必须进行有计划的教育和培养。再次,要在社会实践中积极培养锻炼。人的正确思想,只能从社会实践中来。人生观作为社会意识的一种形式,归根到底,也只有在社会实践中产生,并随着社会实践活动由低级向高级发展。最后,树立科学的人生观不是高不可攀,也不是一蹴而就,需要长期磨砺,从现在做起,从小事做起。

【拓展案例】

迷失的天才

1887年的一个夏天,在美国休斯敦的一个很小的蔬菜店里,一位60岁左右、相貌不凡的绅士买了一些香菜后,递给店员20美元并等着找回零头。店员接过钱放入钱匣,接着开始找零。突然,她发现拿过菜而弄湿了的手上有钞票的墨水痕迹。她惊讶地停了下来,想想该怎么办。经过几秒钟的激烈思考,她认为作为她的老顾客——伊曼纽尔·尼戈先生一定不会给她一张假钞,于是,她如数找回零钱,尼戈先生便离开了蔬菜店。

事后,店员还是有些怀疑,便把那张钞票送到了警察局。一名警察确认钞票是真的,另一名警察则对擦掉了的墨迹大为怀疑。怀着好奇心与责任心,他们持证搜查了尼戈先生的家。果然,在他的楼上他们找到一架伪造20美元的机器,还发现了一张正在伪造的20美元钞票。同时,他们也看到了尼戈先生绘制的3幅肖像画。尼戈先生是一名很杰出的艺术家。他熟练地运用名家的手笔,细致地一笔笔描绘了那些20美元假钞,骗过了几乎每一个人,但最后命运安排他不幸暴露在一双手上。尼戈被捕后,他的肖像画被拍卖了1.6万多美元,每幅画均超过了5000美元。饶有讽刺意味的是:尼戈画一张20美元假钞和一幅价值5000美元的肖像画的时间几乎相同。

【案例思考】

卓越的才华需要什么样的人生观来引导?

【案例点评】

人生在世,总要受到一定人生观的指导。树立正确的人生观,是一个人生存和发展必须要解决的大问题。正确人生观的教育和引导是高校思想政治教育的重要内容。本案例讲述了美国休斯敦的天才艺术家伊曼纽尔·尼戈将才华用错了地方,仿制20美元假钞事件败露,最后自毁前程。人生是一条有选择的道路,对于每个人来说就只有一次。如何使人生有意义,有价值,关键取决于走什么样的人生道路。它是一个人的人生观的具体表现,是人生观由观念到行动上的转化。可以说,有什么样的人生观就有什么样的人生道路,而导致尼戈迷失的根本原因就是他错误的人生观。

三 创造有意义的人生

在面对如何创造有意义的人生这个问题时,我们不能忽略个体所处的各种社会关系,作为社会关系中的一员,只有深入了解自己所处的境遇,扮演好自己的角色,履行好相应的责任,才能有所发展和进步,人的一生也才能有意义。

【案例呈现】

播种未来的钟扬

30余年从教、16年援藏、10年引种红树……复旦大学教授钟扬的名字总是和植物联系在一起,他把自己比作裸子植物,像松柏,在艰苦环境中生长起来的植物才有韧性。

2017年9月25日,53岁的他如同一颗种子回归大地,而他留下的千万颗种子终将绽放新生。

16年前,钟扬只身踏上地球"第三极",盘点青藏高原的生物资源,探寻生物进化的轨迹。很快,西藏成为他科研的沃土,同时更成为他服务和奉献的家园。钟扬急切地想盘清西藏的生物"家底"。从阿里无人区到雅鲁藏布江边,到处都留下钟扬忙碌的身影。

在钟扬看来,若想可持续地促进西藏地区的生物学发展,还需要培养人才,为西藏打造一支科研"地方队"。16年间,他为西藏大学申请到了第一个国家自然科学基金项目,帮助西藏大学培养出第一位植物学博士并申请到第一个生态学博士点,带出了西藏自治区第一个生物学教育部创新团队,开始参与国际竞争。

钟扬和他的团队收集了上千种植物的4000万颗种子,很多被存放在国家和上海种质库的冰库里,可以存放100～400年不等。如雪莲的坚韧,如大山的巍峨,如青松的挺拔,如高原的辽阔……他播种未来,为国家挺起科学的脊梁;他燃尽生命,为社会留下不朽的温度。

【案例思考】

如何实现自己的人生价值?

【案例点评】

人生目的、人生态度、人生价值三者之间具有辩证统一关系:人生目的决定着人们对待实际生活的基本态度和人生价值的评判标准,人生态度影响着人们对人生目的的持守和人生价值的评判,人生价值制约着人生目的和人生态度的选择。钟扬正是为了实现自我的人生价值,选择了一次次参与援藏,选择了不论前路多么艰难险阻,也要带领学生踏上盘点世界屋脊植物资源的道路。

马克思在《关于费尔巴哈的提纲》一文中明确指出:"人的本质不是单个人所固有的抽象物,在其现实性上,它是一切社会关系的总和。"那么如何来理解这句话呢?首先,人不是抽象或大写的人,而是现实社会中像你我一样具体的、活生生的、从事着各种各样活动的人。其次,人不是孤立的、原子式的、从不和其他人和物打交道的人,而是始终与其他人和物相关联,继而处于各种各样社会关系中的人。最后,由于不同社会,乃至同一社会在不同历史时期的社会关系不尽相同,所以人的本质并不是一成不变的。它总是随着社会的发展,时代的变迁而不断变化。

无论处于哪个时代,无论社会如何变迁,只有深入到特定时代的社会关系之中,才能科学地把握人的本质,才能正确回答"人是什么"的问题。从马克思对人的本质的科学论断中,我们至少可以获得这样的启示:作为社会关系的总和,我们每个人在现实生活中总是扮演着各种各样的社会角色,承担着相应的社会责任,不管人们是否意识到这一点,每个人的人生乃至整个社会的发展,都是基于社会关系中每个具体角色的实践活动而展开的。因此,在面对人生的意义这个问题时,就不能忽略个体所处的各种社会关系,作为社会关系中的一员,只有深入了解自己所处的境遇,扮演好自己的角色,履行好相应的责任,个人乃至社会,才能有所发展和进步,人的一生才能有意义。

第二节 品德教育

一 传承中华民族美德

习近平同志指出:"中华传统美德是中华文化的精髓,蕴含着丰富的思想道德资源。"中华传统美德是中华民族在历史发展中形成的、至今仍然具有强大生命力的优秀道德理论、道德规范和道德行为的总和。

【案例呈现】

曲阜2018戊戌年祭孔大典

祭孔是华夏民族为了尊崇与怀念至圣先师孔子,而主要在孔(文)庙举行的隆重祀典,两千多年来从未间断,祭孔大典在古代被称作"国之大典",成为世界祭祀史、人类文化节史上的一个奇迹。祭孔活动可追溯到公元前478年,孔子卒后第二年,鲁哀公将孔子故宅辟为寿堂祭祀孔子,孔子故居成为世界上第一座孔庙。

祭孔大典是山东省曲阜专门祭祀孔子的大型庙堂乐舞活动,亦称"丁祭乐舞"或"大成乐舞",是集乐、歌、舞、礼为一体的综合性艺术表演形式,于每年农历八月二十七日孔子诞辰日举行。祭孔大典一般从每年9月26日持续到10月10日。自2004年曲阜公祭孔子以来,至2015年已是第12次祭祀孔子了。

2006年5月20日,山东省曲阜市申报的祭孔大典经国务院批准列入第一批国家级非物质文化遗产名录。2018年9月28日,山东济宁,2018年祭孔大典在曲阜孔庙举行,来自海内外的孔氏后裔、联合国教科文组织官员、外国驻华使节等各界人士共计两千余人,汇聚孔子故里,追思至圣先师孔子。

【案例思考】

为什么曲阜要将祭孔大典申请为非物质文化遗产?

【案例点评】

祭孔是继承和弘扬中华传统美德的形式之一,将祭孔大典申请为非物质文化遗产一方面可以更好地保护中华民族优秀的传统文化,另一方面这也为当代的道德文明建设提供了丰富的资源。

中华传统文化内容丰富、博大精深,是人类文明发展的重要精神财富,是社会主义道德文化建设的源头活水。传统道德是历史上不同时代人们的行为方式、风俗习惯、价值观念和文化心理的集中体现,是对道德实践经验的提炼总结。中华传统美德是中华优秀文化的重要组成部分。

中华传统美德的基本精神主要表现在以下几方面。一是重视整体利益,强调责任奉献。在中华传统道德的发展演化中,始终强调整体利益、国家利益和民族利益的重要性。二是推崇"仁爱"原则,注重以和为贵。推崇仁爱、崇尚和谐是中华民族的优良传统和高尚品德。三是提倡人伦价值,重视道德义务。中华传统美德一个重要的特点,就是它非常重视每个人在人伦关系中的地位及其价值,强调每个人都必须根据规范的要求,来尽自己应尽的义务。四是追求精神境界,向往理想人格。中华传统美德主张在物质生活基本满足的情况下应追求崇高的精神境界,把道德理想的实现看作是人生诸种需要中最高层次的需要。五是强调道德修养,注重道德践履。中国古代的思想家大都认为,在塑造理想人格的过程中,最重要的就是要奋发向上、切磋践履、修身养性。

【拓展案例】

方敬的"三从"秘籍

1931年1月出生的方敬,是一名中共党员,同时也是华东师范大学退休教授。1991年退休后,方敬归返乡里,助学扶困、教化乡邻,致力于用教育回报家乡、回报社会,并将此当成自己下半生追求的事业。他倾尽200余万元积蓄成立"景清奖学金",资助260名寒门学子步入高等院校。26年崇文兴教、涵育乡风、反哺桑梓,方敬老人成为一位远近闻名、倍受尊崇的"新乡贤"。

方敬任教期间每年都回到家乡任庄村,用自己有限的工资资助当地贫困学子。他为了行善而一生勤俭,坚持"从不吃饱,从不穿暖,从不闲着"的"三从"秘籍。这个"三从"秘籍,既是方老先生始终精神矍铄的秘籍,更是他节衣缩食节省出200余万元捐资助学、来圆自己下半生的好人梦的精神支柱。在他捐资助教的24年间,1400余口人的小渔村,竟然走出了140余位大学生,其中包含4名硕士和2名博士。与此同时,他还免费为乡村教师、学生等开设书法培训班,致力打造文化小镇、艺术小镇,镇里先后走出全国书协会员12名。他言传身教,倡导移风易俗,引领乡风文明,使宋庄镇成为有名的省级文明镇。

2018年10月26日晚,方老先生病逝,享年88岁。方老生前便与徐州医科大学签订了遗体捐献协议。10月30日上午,连云港赣榆当地为方老举行了追思会,方老的遗体也如其所愿,捐献给了医学事业。

【案例思考】

方敬的事迹对当今社会有何借鉴意义?

【案例点评】

24年的大爱、大善和悲悯,幻化作"三从"秘籍,用有限的资金雪中送炭;24年的清贫、坚守和操劳,沉淀为精神的沃土,让小渔村的希望发芽开花。方敬致力于用教育回报家乡、回报社会的仁爱精神,像火种一样在赣榆地区蔓延,党员干部以方敬为榜样,纷纷学方敬、敬乡贤、作表率,尊师重教在当地蔚然成风。

【拓展案例】

"现代二十四孝"唤醒孝心行动

"关手机,陪父母好好吃顿饭""给妈妈做个面膜""给爸妈打个电话""教爸妈用微信""带爸妈做体检""出差给爸妈带个小礼物""走慢一点,等等爸妈"……连日来,一组在各种场合提醒孝亲的图片在网上悄然流行,还被称为"现代二十四孝"。

当下,不管是平时还是母亲节或父亲节,在微信朋友圈或网络上表达对父母的爱成为时尚流行,大多数子女仿佛在用这种简便易行的方式履行自己的孝亲义务。在中国传统文化的影响下,子女并不像西方社会那样常将"我爱你"挂在嘴边,但子女认为"在微信上表达了,感觉心里舒服些"。可是我们要为父母做的,更应是实实在在的行动。"现代二十四孝"的热传,应当唤醒我们尽孝的实际行动。孝敬父母,要用行动说话。

1. 给予父母生活上的关心

密切关注父母的日常饮食起居,通过亲身观察、电话或拉家常的交流,了解他们的日常生活是否规律,是否健康合理。对于良好的习惯要肯定,在充分尊重父母行为习惯的同时积极鼓励父母更新观念,走出家门,多到外面走走,必要时给予经济上的资助。接受父母的唠叨,理解父母的心情,帮助他们处理各种情绪,常回家看看,关注父母的生活需求,在生活中多陪陪父母。

2. 给予父母心理上的慰藉

子女在拥有独立生活的能力以后,要以自食其力为本,不要在父母的身上挖掘财富,依靠父母来生活。不做"啃老族",不拖累父母,给父母减轻负担,这才是给勤劳一生的父母最大的心理慰藉。

3. 给予父母精神上的充实,帮助父母充实晚年生活

时代的日新月异,社会发展之迅速,父母在这个年纪容易出现心里空虚与无所适从,作为子女从观察父母的兴趣开始,引导父母融入网络,使他们具备现代理念。结合老人的实际条件,如文化水平、兴趣爱好等,教会老人使用电子产品,培养老人参与网络的兴趣,满足老人的精神需求,使他们能适应新的社会角色。正所谓"追逐互联网的时代,别冷落了咱爸妈"。

【案例思考】

1. 你是否认同"现代二十四孝"?
2. 为什么要继承中华传统美德?

【案例点评】

"现代二十四孝"传递网络正能量,弘扬中华民族传统美德,应给予肯定,大力宣传和提倡,并倡导广大网民具体落实到实际行动上。它告诉人们:第一,孝是生活化、常态化的行为,尽孝并不是一件很难的事情,父母期待得并不多。孝顺可能只是一个陪伴动作,可能只是一次开口表达,可能只是一个关心的眼神。与其总是在等待、拖延,不如让孝顺成为一种生活化、常态化的行为,在日常的生活中更频繁、更自然地表达出来,这才是现代社会更真实的孝、更可行的孝。第二,孝本来就没有标准,孝是一种自觉和意识,是一种时刻的惦记和关心。虽然社会生活已经发生很大变化,每个人在社会中打拼都不容易,但是孝顺是一种传统,是一个人善良的根基,也是一个人做人的根本,只有将孝顺沉淀为一种意识和自觉,表现为一种生活中的常态,孝道才能更加真实、自然地传承下去。

二 弘扬家训家风教育

"不论时代发生多大变化,不论生活格局发生多大变化,我们都要重视家庭建设,注重家庭、注重家教、注重家风……"

——习近平

【案例呈现】

郑义门家风

郑义门,又称"江南第一家",位于浙江省金华市浦江县郑宅镇,占地约5000平方米,是中国古代家族文化的重要遗址。自北宋重和元年(1118年)至明天顺三年(1459年),郑氏家族在此合族同居历时340余年,以孝义治家闻名于世。

历史上,一个家族累世同居被朝廷旌表,可称"义门"。历朝表彰的"义门"中,一般五世、七世就属难能可贵,而郑义门,十五世同居,历经三个王朝,横贯三个多世纪,宋元明三代正史为其列传,各个时代杰出的文化名人为之驻足……

在钟灵毓秀的江南大地上,这个坐落在浦江之畔的耕读之家,至今已经整整闻名了900多年。促使这个家族延绵不绝、生生不息的灵魂,是它的家规——《郑氏规范》。宋元明清四朝代这个家族共走出173位官吏,无一贪赃枉法,无不勤政廉政。清廉家风代代传!

【案例思考】

为什么郑义门能走出这么多勤政廉政的官吏?

【案例点评】

郑氏家规传承九百年,是当代比较有代表性的一部家规。它将儒家的"孝义"理念,如数学公式般转换成操作性极强的行为规范,历经几代人创制、修订、增删,最终定格为168条,涉及家政管理、子孙教育、冠婚丧祭、生活学习、为人处世等方方面面,堪称世上最齐全的家庭管理规范。历经数百年风雨的郑义门,实际上是中华民族传统大家庭的一个缩影。它深刻体现着中华民族独有的"国家"概念：国与家紧密相连、不可分离，修身齐家治国平天下，治国从治家开始。中华传统文化是伦理文化、责任文化。孝悌忠信礼义廉耻，这些中华文化的DNA，渗透到中华民族每一个子孙的骨髓里。

家庭美德是支撑中华民族的重要力量，作为构成社会的细胞，祖国亿万家庭的建设、家庭美德的发扬光大，是国家发展、民族进步、社会和谐的重要基点。"身修而后家齐，家齐而后国治，国治而后天下平。"中华民族自古以来就有重视家风建设的传统。秉身持正、勤俭持家，好的家风的形成，要有一股面对困难挫折百折不挠的凛然正气，要有一股爱护家人却不溺爱深宠的勇气。

三　恪守社会公共道德

社会公德是社会共同利益的反映，是社会文明程度的标尺，是社会主义道德体系的重要组成部分。在一定的社会生活中，为了维持正常的生活秩序，人们总要共同遵守一些最简单、最起码的公共生活秩序即社会公德，做到恪守社会公共道德。

【案例呈现】

为中国好游客点赞

随着加强文明旅游宣导、提高游客文明素质工作的不断深入，中国公民的文明出游意识不断增强，特别是出境游的中国公民，他们在境外代表着中国人的形象，他们的良好表现赢得了各国朋友的欢迎和赞誉。

在英国伦敦威斯敏斯特大教堂附近游览的一个旅游团，记者在随机的采访中发现，虽然等待的队伍很长，但中国游客们都能自觉排队，耐心地接受安检。在随团的游客中，有人在自觉遵守交通秩序的同时，还不忘提醒他人不闯红灯。在西班牙旅游，最大的特点就是所有旅游景点环境亮丽干净，人们很少大声喧哗，乱扔乱吐的现象也十分少见，自觉的中国游客也不例外。

2015年3月21日，有人在微博上说，"在美国一公园游玩时，遇到一个美国游客突发心搏骤停，成功将其复苏"，此微博一发，好评不断，网友称其为"中国好游客"。同样得到外国人认可的还有中国游客"一休哥"，他发微博称，2015年3月29日，在澳大利亚墨尔本动物园游玩时捡到了一部手机，拨打了机主最近的通话号码，千方百计找到了失主。

【案例思考】

1. 如何看待我国公民的公德现状？

2. 为什么要遵守社会公德？

【案例点评】

文明出游，是塑造中国形象、培育和践行社会主义核心价值观的必然要求，是提升公民文明素质和全社会文明程度的必然要求。中国游客在海外，一方面要尊重当地风俗习惯，注重自身的形象，要表现自己的爱心；另一方面，在海外的中国游客也代表着中国人的形象，关乎我国的文明程度。我们今天看到的"中国好游客"，就是我们的好榜样，希望这样的好游客、好公民越来越多。

四　加强职业道德教育

在现代社会，职业生活对每个人来说，已是他生活的有机组成部分，职业活动占据了个人生命的大部分时间。职业不仅决定着每个人在社会中的谋生方式，而且还深刻地影响着个人的爱好、性情、人格以及他的生活方式和思想方式。

【案例呈现】

大国工匠徐立平

徐立平，男，1968年生，中国航天科技集团公司第四研究院7416厂航天发动机固体燃料药面整形组组长，高级技师。自1987年入厂以来，徐立平一直为导弹固体燃料发动机的火药进行微整形。在火药上动刀，稍有不慎划出火花，就可能引起燃烧、发生爆炸。目前，火药整形在全世界都是一个难题，无法完全用机器代替。下刀的力道，完全要靠工人自己判断，药面精度是否合格，直接决定导弹的精准射程。0.5毫米是固体发动机药面精度允许的最大误差，而经徐立平之手雕刻出的火药药面误差不超过0.2毫米，堪称完美。

为了杜绝安全隐患，徐立平还设计发明了20多种药面整形刀具，有两种获得国家专利，一种还被单位命名为"立平刀"。由于长年一个姿势雕刻火药以及火药中毒后遗症，徐立平的身体变得向一边倾斜，头发也掉了大半。28年来，他冒着巨大的危险雕刻火药，被人们誉为"大国工匠"。

【案例思考】

如何理解爱岗敬业、奉献社会的时代内涵?

【案例点评】

徐立平说每一次落刀都能听到自己的心跳。在火药上微雕,不能有毫发之差,这是千钧所系的一发。战略导弹、载人航天,一件件大国利器,都离不开徐立平冒着生命危险的锻造。"大国工匠"徐立平的事迹体现了爱岗敬业、奉献社会的职业道德,值得当代大学生学习并发扬光大。

在对大学生进行职业道德教育的过程中,应该充分重视非理性因素对学生行为的作用,通过教育使大学生自觉认识到自己将来所从事职业的社会价值,使他们深刻感受到自己肩负的社会责任和使命,确立正确的就业意识和择业取向。成功的大学生职业道德教育可以为大学生以后从事本职工作打下良好的职业道德基础,为他们从业后具备良好的职业道德修养提供理论、知识、情感前提。

第三节 社会主义核心价值观

社会主义核心价值观把涉及国家、社会、公民的价值要求融为一体,体现了社会主义的本质要求,继承了中华优秀传统文化,吸收了世界文明有益成果,体现了时代精神,是对我们要建设什么样的国家、建设什么样的社会、培育什么样的公民等重大问题的深刻解答。

一 什么是社会主义核心价值观

【案例呈现】

人民日报《谢谢你,每一个平凡的中国人》组图

【案例思考】

如何理解社会主义核心价值观？

【案例点评】

人民有信仰，民族才有希望，国家才有力量。党的十八大以来，习近平提出了实现民族复兴的中国梦的伟大号召。实现中国梦，必须有广泛的价值共识和共同的价值追求。社会主义核心价值观是当代中国精神的集中体现，凝结着全体人民共同的价值追求。

交警为生命坚守阵地；建设者为生命争分夺秒；快递员为生命奔波不停；志愿者为生命挺身而出……2020年春节期间他们坚守岗位，用自己的行动，承载了大多数人的健康；用自己的舍弃，换来了大多数家庭的团圆，这不仅体现着敬业与奉献的价值追求，更展现出一种超越"小家"、成就"大家"的高尚境界，其实每一个普通人发出的微光，就是战胜疫魔的火种。

二　政治信仰和理想信念

信仰作为个体人生的支柱，体现着个体或群体的价值。从某种程度来讲，信仰最根本、最核心的意义在于能赋予个体或群体短暂存在以历史永恒的意义。

【案例呈现】

塞罕坝精神

弘扬塞罕坝精神，就要始终牢记使命，坚定矢志不渝的理想信念。55年时间，塞罕坝从"黄沙遮天日，飞鸟无栖树"的荒漠沙地，变为"河的源头、云的故乡、花的世界、林的海洋、鸟的乐园"，最根本的原因就在于塞罕坝人听从党的召唤，以建设美丽中国崇高的理想信念作为支撑，始终牢记修复生态、保护生态的历史使命。

塞罕坝人以"功成不必在我"的品格艰苦奋斗、攻坚克难。在当年恶劣的环境条件下，吃黑莜面、喝冰雪水、睡地窨子，激发起的是"一日三餐有味无味无所谓，爬冰卧雪冷乎冻乎不在乎"的乐观主义精神；更坚持依靠坚定不可动摇的理想信念造林育林建设精神高地，一代接着一代干，创造了从一棵树到百万亩林海的人间奇迹。

【案例思考】

塞罕坝精神是什么?

【案例点评】

面对任何困难,只要我们坚守初心,牢固理想信念,发扬"前人栽树后人乘凉"的精神,持之以恒、久久为功,什么难题不能破解,什么大事不能干成?

习近平总书记在党的群众路线教育实践活动中强调:"理想信念是共产党人的精神之'钙',必须加强思想政治建设,解决好世界观、人生观、价值观这个'总开关'问题。"没有理想信念的人生,就像失去了方向和动力的小船,在生活的波浪中随处漂泊,甚至会沉没于急流之中。在大学期间,大学生不仅要提高知识水平,增强实践才干,更要坚定崇高的理想信念。

三 民族精神和时代精神

《习近平谈治国理政》中谈到"人无精神则不立,国无精神则不强。精神是一个民族赖以长久生存的灵魂,唯有精神上达到一定高度,这个民族才能在历史的洪流中屹立不倒、奋勇向前。"

【案例呈现】

"共和国勋章"获得者于敏——一个曾经绝密28年的名字

他二十八载隐姓埋名,填补了中国原子核理论的空白,为氢弹突破作出卓越贡献。他荣获"两弹一星"功勋奖章、国家最高科学技术奖等崇高荣誉,盛名之下保持一颗初心:"一个人的名字,早晚是要消失的,能把自己微薄的力量融进强国的事业之中,也就足以欣慰了。"他是于敏,"共和国勋章"获得者。

"国产专家一号"——人们这样亲切地称呼于敏。

没有留过洋,无碍他成为世界一流的理论物理学家;在原子核理论研究的巅峰时期,他毅然服从国家需要,开始从事氢弹理论的探索研究工作。

那是20世纪60年代,一切从头开始,装备实在简陋,除了一些桌椅外,只有几把算尺和一块黑板。一台每秒万次的计算机,需要解决各方涌来的问题,仅有5%的时长可以留给氢弹设计。科研大楼里一宿一宿灯火通明,人们为了琢磨一个问题,常常通宵达旦。于敏的报告,与彭桓武、邓稼先等人的报告相互穿插,听讲的人常常把屋子挤得水泄不通。

"百日会战"令人难忘。100多个日日夜夜,于敏先是埋头于堆积如山的计算机纸带中,然后做密集的报告,率领大家发现了氢弹自持热核燃烧的关键之点,找到了突破氢弹的技术路径,形成了从原理、材料到构型完整的氢弹物理设计方案。

1967年6月17日,罗布泊沙漠深处,蘑菇云腾空而起,一声巨响震惊世界。新华社对外庄严宣告:中国第一颗氢弹在西部地区上空爆炸成功!

从第一颗原子弹爆炸到第一颗氢弹试验成功,美国用了7年多,苏联用了4年,中国仅用了2年8个月。

有人尊称他为"氢弹之父",于敏婉拒。他说,这是成千上万人的事业。

20世纪80年代以来,于敏率领团队又在二代核武器研制中突破关键技术,使中国核武器技术发展迈上了一个新台阶。

他与邓稼先、胡仁宇、胡思得等科学家多次商议起草报告,分析我国相关实验的发展状况以及与国外的差距,提出争取时机、加快步伐的战略建议。

在核试验这条道路上,美国进行了1000余次,而我国只进行了45次,不及美国的1/25。

原子弹、氢弹、中子弹、核武器小型化……这是于敏和他的同事们用热血铸就的一座座振奋民族精神的历史丰碑。

【案例思考】

一个曾经绝密28年的名字,从"共和国勋章"获得者于敏身上我们得到什么样的精神洗礼?

【案例点评】

于敏对"安静"有着自己的解释,"所谓安静,对于一个科学家,就是不为物欲所惑,不为权势所屈,不为利害所移,始终保持严谨的科学精神。"他倾慕文天祥的威武不屈,以及"丹心照汗青",这丹心于他就是坚持科学,就是献身宏谋。正如他73岁那年在一首题为《抒怀》的七言律诗中表达的那样,即使"身为一叶无轻重",也要"愿将一生献宏谋"。与他一起工作了50多年的中国工程物理研究院原副院长杜祥琬说:"于敏先生那一代人,身上有一种共性,他们有一种强烈的家国情怀。这种精神影响了一代又一代人,希望这种精神能够不断传承下去。"

第二章 文化育人

中国的文化,不仅孕育了从未中断的"亘古亘今,亦新亦旧"的文明,也创造出人类历史上罕有的一个民族从衰落走向复兴的奇迹。这正是中华文化的伟大之所在,也是我们文化自信的根基所在。发展中国特色社会主义文化,以马克思主义为指导,坚守中华文化立场,立足当代中国现实,结合当今时代条件,发展面向现代化、面向世界、面向未来的,民族的科学的大众的社会主义文化,推动社会主义精神文明和物质文明协调发展。在"守根求源"中走向社会主义文化强国,我们以独特的智慧和价值屹立东方,也一定会以包容与创新的气质走向未来。

第一节 国情教育

国情教育是中国使学生了解本国政治、经济、自然生态等方面基本情况,从而激发起爱国热情的教育。进行此项教育的目的在于使全党、全民,尤其是年轻一代在考虑和处理一切问题时都能从中国的基本国情出发,并激发热爱祖国、振兴中华的思想感情。

一 国史和党史教育

落其实者思其树,饮其流者怀其源。当代中国是历史中国的延续和发展,只有铭记历史并从中汲取智慧,才能更好地创造历史。因此,新时代大学生要永远牢记自己民族、国家和党自身的历史,无论走多远,走到多么光辉的未来,都不能忘记走过的路,不能忘记走过的过去,不能忘记从哪里来,为什么出发。

【案例呈现】

70年,三代人的奋斗奉献

爷爷生在旧社会,在中国共产党的恩泽下成长。爷爷没有进过一天学堂,斗大的字不识一个,但每每念起共产党的好,却是三天三夜也说不完。他说是共产党让他吃饱了饭,穿暖了衣,我们能有今天的好日子全是共产党给我们的。打开尘封许久的记忆,棒子面窝窝头、野菜汤是爷爷小时候的人间美味,大集体劳动时的大锅饭是他养家糊口的动力,一张粮票是全家人眼中的命根子……爷爷的每一处记忆都与粮食有着密不可分的关系,在他的记忆中粮食就是生命的全部价值。

父亲是爷爷最小的孩子,他是在改革春风的沐浴下长大的。父亲童年时虽吃不上大米白面,但玉米和窝窝头已成为家常便饭,在改革开放的春潮中,父亲穿着哥哥打满补丁的衣服,装着满满的窝窝头,挤着站不住脚的班车走进学堂。一贫如洗的家境让父亲求学的路一波三折,读完高一后父亲以当时的高学历在家乡的一所学校当了老师,拿着一个月18块钱的工资,父亲第一次心里有了成功的喜悦和满足感。历史的车轮滚滚向前,改革开放逐渐步入阳光大道,从第一辆摩托车到第一辆小轿车,从第一台电视机到第一台电脑,从"万元户"到"小康家庭",这其中走过的每一步,都是千家万户中国家庭的一个缩影,也是改革开放带给中国的民族脊梁和精气神。

我出生在中国最美好的年代,同祖国一起成长,当我可以购买任意一国产品时,我为中国加入WTO骄傲;当我抬头遥望那一轮明月时,我为中国成功发射神州系列而自豪;当我为一场精彩赛事摇旗呐喊时,我为中国成功举办北京奥运会而扬眉吐气;当我拿到一个月的所得报酬时,我为中国成为世界第二大经济体而慷慨激昂;当我打开电视机看到港珠澳大桥成功通车时,我为中国的工匠精神潸然泪下。

作为新中国大家庭最平凡的一家人,从贫穷走进小康,在柴米油盐酱醋茶中看到了中国的变化,看到了祖国的日渐强盛!

【案例思考】

新中国70年的伟大变迁,在三代人的生活中体现得淋漓尽致。但是,不管走得再远,我们也不能忘记中国共产党人的初心和使命。那么,我们从哪里走来?我们为什么出发?

【案例点评】

我们从中华民族上下五千年灿烂文明中走来。泱泱中华、巍巍华夏,这里面有百家争鸣的光辉思想,有至圣先师的儒家仁爱,有秦皇汉武的赫赫武功,有太白东坡的奕奕文采,有万国来朝的大唐气象,有拓土开疆的康乾盛世,有凿通西域丝路亚欧的壮举,有七下西洋协和万邦的怀柔,有对世界文明产生重大影响的四大发明……中化文明也是世界上唯一没有中断的文明,五千年磅礴不息、坚韧前行。作为一个中国人,我们是最应该有民族自信和文化自信的,能生长、生活和奋斗在这片东方沃土是吾辈之幸事。

我们从鸦片战争后的压迫屈辱和血泪中走来。中华民族的近代史,就是一部交织着血泪与耻辱的被侵略史。1840年鸦片战争,英国人凭借坚船利炮打开中国国门,从此国人积弱积贫、任人宰割。第二次鸦片战争、中日甲午海战,再到20世纪初的八国联军侵华,九一八事变,旧中国屡战屡败、割地赔款。帝国主义列强逼迫清廷签订了1100多条不平等约章,侵略之手如水银泻地,无孔不入;侵占和掠夺中国领土约174万平方公里;仅《马关条约》和《辛丑条约》就勒索赔款约12亿两白银。帝国主义的野蛮侵略和疯狂掠夺给中华民族带来了空前的民族灾难和巨大民族牺牲,中华民族步入生死存亡危急之秋,让人看到的是"四万万人齐落泪,天涯何处是神州"。

我们从仁人志士探索救亡图存道路中走来。面对国家九原板荡、百载陆沉。有人说是器不如人,随之李鸿章、张之洞等中兴之臣办厂购舰开办洋务运动,可惜淹没在甲午海战北洋水师的全军覆灭中;有人说是制不如人,随之康有为、梁启超等保皇派公车上书推动戊戌变法,可惜六君子喋血街头,留下的只是"我自横刀向天笑,去留肝胆两昆仑"的悲壮;洪秀全领导的太平天国运动、孙中山领导的辛亥革命接连而起,但农民起义、君主立宪、资产阶级共和制等种种救国方案都相继失败了。一盘散沙、战乱频仍、民生凋敝、丧权辱国,成了旧中国长期无法消除的病疴。

我们从新中国建立和改革开放中走来。新中国成立70年特别是改革开放40年来,我们在曲折中前行、在错误中觉醒、在围堵中突破、在打压中奋起,短短几十年的时间内,我们党带领人民坚定不移地解放和发展社会生产力,走完了西方几百年的发展历程,我国经济实力、综合国力大幅提升,人民生活显著改善,国际地位空前提高,经济总量跃居世界第二。这样的发展、这样的巨变、这样的成就,在人类发展史上都是罕见的。进入了新时代,在习近平新时代中国特色社会主义思想的武装下,中华民族伟大复兴的巨轮正在乘风破浪前行。

二 中国进入新时代

【案例呈现】

2019年3月以来,一场名为"青春,为祖国歌唱"的网络拉歌活动在全国多所高校唱响,我校学子在新世纪广场献歌新中国七十华诞,展示新时代青年与祖国共奋进的爱国情和报国志。

2019年10月1日是中华人民共和国成立70周年纪念日。从"白河之津"到"黄河之滨",从"黄浦江畔"到"浏阳河上",从"大明湖畔"到"白山黑水"……共庆中华人民共和国成立70周年的拉歌活动覆盖全国30个省(区、市)的2000余所高校,微博话题阅读量达3.2亿,拉歌视频总播放量近40亿,实现了网络小屏到公交、地铁、广场等户外大屏的拓展,万千师生用歌声唱出了热爱祖国、报效祖国的心声。

【案例思考】

新中国成立70年,我们国家经历了哪些变化?

【案例点评】

我国经济实力和综合国力发生前所未有的变化。1978年我国国内生产总值(GDP)为3679亿元,到2018年已突破90万亿元,年均实际增长9.5%,远高于同期世界经济2.9%左右的年均增速。我国国内生产总值占世界生产总值的比重由改革开放之初的1.8%上升到16%,多年来对世界经济增长贡献率超过30%。我国主要农产品产量跃居世界前列,建立了全世界最完整的现代工业体系。我国已成为世界第二大经济体、制造业第一大国、货物贸易第一大国、商品消费第二大国、外资流入第二大国,我国外汇储备连续多年位居世界第一。我国基础设施建设成就显著,科技创新和重大工程捷报频传。信息畅通,公路成网,铁路密布,高坝矗立,西气东输,南水北调,高铁飞驰,巨轮远航,飞机翱翔,天堑变通途。中国人民在富起来、强起来的征程上迈出了决定性的步伐。

中国人民生活水平从温饱不足走向了全面小康。改革开放40年来,中国人民的生活从短缺走向充裕、从贫困走向小康,衣食住行发生了巨大变化。粮票、布票、肉票、鱼票、油票、豆腐票、副食本、工业券等百姓生活曾经离不开的票证已进入历史博物馆,我国农业粮食生产能力达到1.2万亿斤以上,中国人的"饭碗"已牢牢掌握在自己手中。我国贫困人口累计减少近8亿人,贫困发生率下降至3%以内,谱写了人类反贫困史上的辉煌篇章。党和政府坚持在发展中保障和改善民生,增进人民福祉,全面推进幼有所育、学有所教、劳有所得、病有所医、老有所养、住有所居、弱有所扶,中国社会大局保持长期稳定,成为世界上最有安全感的国家之一。

中国社会更加开放,国际地位和国际话语权大大增强。改革开放40年来,中国国力不断提升,社会得到全面开放,国际交往日渐频繁,国际地位显著提高,国际话语权大为增强。我们大力弘扬社会主义核心价值观和中华优秀传统文化,中国特色社会主义文化深入人心,人民日益增长的精神文化需求不断得到满足,全民族文明素质明显提高。与此同时,在多样化、开放化、国际化交流中,中国人民的国家意识、民族意识、文化意识得以彰显,国家文化软实力和中华文化影响力与日俱增。我们坚持对外开放的基本国策,全面推进中国特色大国外交,倡导构建人类命运共同体,积极打造促进"一带一路"国际合作新平台,这既为我国发展营造了良好的外部条件,也大大提高了我国的国际影响力、感召力、塑造力,中国的"朋友圈"越来越大、越来越广泛。

三 民族共同体理念

【案例呈现】

晚霞红似火,爱心暖人间——维吾尔族老人和他的3个孩子

20多年来,奎屯市的维吾尔族老人玉素甫收养3个弃儿并靠卖杂碎汤将他们逐一养大的故事,感动了无数人。在这个不寻常的家庭里,一对维吾尔族老夫妻和他们的两个汉族女儿、一个维吾尔族儿子,如同血脉相连的一家人,幸福地生活在一起。

阿米娜是汉族的聋哑孩子,也是玉素甫老人收养的第一个孩子,好听的维吾尔族名字,就是玉素甫老人起的。老人收养她时,她在火车站附近流浪,并且有严重的自闭症。那时,老人本就过着清贫的生活,但是,为了能让孩子享受到家庭的温暖,夫妇俩把她当作自己的孩子抚养,用自己的行动温暖着孩子的心。

古丽米娜是老人收养的第二个女儿,是一名汉族弃婴。父亲玉素甫对她的疼爱,周围邻居都知道。在她四五岁时,爸爸只要一出门,就会把她背上,舍不得她走路,邻居们都说,小古丽米娜是在父亲的背上长大的。如今的她,不但学习成绩名列前茅,还是班上的英语课代表,做事有条不紊,在奎屯市举办的双语大赛中,还获得了第一名,是老人心中最大的骄傲。

2005年,第三个孩子又走进了玉素甫的家,老人将其取名开塞江。开塞江是维吾尔族男孩,老人收养他时,已年过七旬,老两口虽然身体都不好,但还是毫不犹豫地收留了孩子。开塞江十分爱他的爸爸妈妈,他说:"我长大了,爸爸妈妈却老了,今后我要刻苦学习,争取考上一所理想的大学,将来好好照顾我亲爱的爸爸妈妈!"

【案例思考】

如何理解习近平总书记在党的十九大报告中指出,"铸牢中华民族共同体意识,加强各民族交往交流交融,促进各民族像石榴籽一样紧紧抱在一起"?

【案例点评】

习近平总书记关于"铸牢中华民族共同体意识"的重要论述和《中华人民共和国宪法修正案》对"爱国统一战线"定义的丰富与完善,明晰了"铸牢中华民族共同体意识"与"巩固和发展爱国统一战线"在"实现中华民族伟大复兴的中国梦"这一奋斗目标中的有机统一,为新时代铸牢中华民族共同体意识,巩固和发展爱国统一战线提供了基本遵循和行动指南。

中华民族共同体意识是反映中华民族共同体存在的社会意识,包括共同建设中华民族的共建意识、共同发展中华民族的共担意识、共同享有中华文化和发展成果的共享意识等内容。中华民族共同体"共建"意识的铸牢,反映了各民族交往交流交融的实际,体现了铸牢中华民族共同体意识的现实追求;"共担"意识的铸牢,以融通"两个一百年"的奋斗目标,实现多样性中巩固统一、差异性中保证和谐,聚焦了中华民族伟大复兴的时代课题;"共享"意识的铸牢,构建中华民族共有精神家园、进行民族团结进步教育,指明了中华民族共同体意识培育的价值旨归。

找到最大公约数,为实现中华民族的伟大复兴汇聚力量。我国是一个有着14亿多人口、56个民族的大国,确立反映全国各族人民共同认同的价值观"最大公约数",使全体人民同心同德、团结奋进,关乎国家前途命运,关乎人民幸福安康。找到全社会意愿和要求的最大公约数,通盘考虑、统筹安排,才能画出民心民愿的最大同心圆,广泛凝聚实现中华民族伟大复兴的正能量。以中华民族全体成员同心协力的内在统一,进行寻找最大公约数的深度省察和整体利益的系统观照,听民声、解民情、集民智,不断加强民族平等团结、促进民族地区发展、增强中华民族凝聚力,整合利益诉求、凝聚社会力量,为中华民族一家亲、同心共筑中国梦奠定更加坚实的基础。

第二节 优秀传统文化教育

历史是最好的教科书,中华优秀传统文化是最深厚的文化软实力。中华民族5000多年文明历史所孕育的优秀传统文化,代代相传,历久弥新,其蕴含的思想观念、人文精神、道德规范,沉淀凝结为中华传统价值观,我们要用中华民族创造的一切精神财富来以文化人、以文育人。

一 文 化 源 头

习近平主席在党的十九大报告中强调,创新是引领发展的第一动力,是建设现代化经济体系的战略支撑。中共中央办公厅、国务院办公厅《关于实施中华优秀传统文化传承发展工程的意见》指出传承中华优秀传统文化的重要作用。因此,探索并理解中国文化之源是当代大学生应有的责任。

【案例呈现】

湖南工业职院校长向罗生主讲《易经思维的数学模型》

2020年12月29日,湖南工业职业技术学院校长讲坛第三期暨卓越工业文化讲坛第十三讲开讲。该校党委副书记、校长向罗生从挖掘易经与创新的共同点出发,创建易经思维的数学模型再到创新的易经思维分析,带领现场师生走近《易经》这门古老而神秘的智慧经典,揭秘中华文化之源。

【案例思考】

如何理解《易经》是中华优秀传统文化的源头?《易经》思维能否进行数学模型化?它对现代创新文化建设的启示是什么?

【案例点评】

"《易经》是中华优秀传统文化的源头,在我国研究创新思维,其根源可以追溯到易经。"对中国传统文化进行全方位的现代性思考,用西方的理性、逻辑观点与方法对术数文化进行全方位的清理,从而在继承优秀传统文化的前提下,使得传统思维模式现代化,助力中华民族伟大复兴。

《易经》思维可以进行现代数学模型化,这是我校向罗生校长提出的鲜明观点。向罗生校长论证:"经过二次抽象,运用'观物取质、取质成象、成象比类',比传统的'观物取象、取象比类'更容易理解易经的阴阳关系和卦象,对于初学者利用卦爻系统进行学习有重要作用。"他还介绍了太极、两仪、四象、八卦、六十四卦等易经思维的基本元素。从气体、形状、性质、数理结构、形象等万物的五种形态或要素形成的"五要素研究思维导图"切入,找到了易经可以用数学模型研究的理论依据。"一切事物,包括物质、能量、场等的发展变化,都可以根据经典卦的排列组合或相互作用进行研究分析。具体分析客观事物的发展变化时,分析的目的不同,观物取质时选取的参数不一样。"他结合事例说明了阴阳思维、三才思维、推演思维、象数思维的具体应用,为大家详细解读了易经八卦、六十四卦的数学模型,推导出易经思维的数学模型即"杨辉三角"。

在创新的易经思维分析部分,向罗生校长将创新的八个基本条件同易经思维的六个方面相结合,并将其释义为代表创新基础的"条件"、代表创新目标的"目的"、代表创新主体和路径的"方法"、代表创新所处环境和服务对象的"环境"、代表创新时间条件的"时机"、代表创新应遵循规则的"规律"。以此为基础对创新要素的卦象进行表达和分析,并运用卦象分析法解析

"商鞅变法"给秦国及商鞅个人带来的成与败,验证卦爻变化对创新过程和结果的影响。

"对于十分复杂的事物,影响其发展变化的要素众多,是否可以生成两个或两个以上的六爻卦,引入人工智能等现代技术,再利用易经卦爻系统进行分析,有待进一步研究。"向罗生校长期待未来能利用数学和人工智能等现代技术,扩大易经系统的内涵和外延,促进易经的现代化,从而拓展易经的使用范围,为社会科学技术的现代化服务。

二 家 国 情 怀

"国家"一词由"国"与"家"两个字组成,无论拆分还是组合,无不蕴藏着丰富的内涵。"家"组成了"国","国"还原为"家",家国一体,一体难分。家是最小的国,国是千万个家。家在国中卿卿我我,国在家中生生不息。家与国历来都是一个密不可分的整体,家国情怀不断显示出厚重的底色。

任何时代的历史风云人物,无不将个人的命运、家庭的命运同整个国家的命运联系在一起。所以,有人将这种无比宏大而细腻的情感归纳为"家国情怀"四个字。"国家好,民族好,大家才会好。"

【案例呈现】

王继才:岛就是家,岛就是国

江苏省灌云县开山岛位于我国黄海前哨,面积只有两个足球场大。1985年部队撤编后,设立民兵哨所,但因条件艰苦,先后上岛的10多位民兵都不愿长期值守。1986年,26岁的王继才欣然接受了守岛任务。因为思念丈夫,一个多月后,妻子王仕花离开刚满两岁的大女儿王苏,辞掉小学教师的工作,上岛和王继才一起守岛。从此,他们以海岛为家,与孤独相伴,在没水没电,植物都难以存活的孤岛上默默守岛卫国32年,把青春年华全部献给了祖国的海防事业。一盏煤油灯,一个煤炭炉,一台收音机,就是夫妻俩的全部家当。然而再苦再难,他们也咬牙坚持下来了。这些年来,有人觉得王继才傻,也有人劝他们回去,但王继才说,这里是中国的国土,总要有人值守。

2014年,王继才夫妇被评为全国"时代楷模"。

2018年7月27日,王继才在执勤时突发疾病,经抢救无效去世,年仅58岁。在王继才走后十多天,王仕花向组织递交了继续守岛的申请。2018年8月6日,习近平同志对王继才同志先进事迹作出重要指示,强调王继才同志守岛卫国32年,用无怨无悔的坚守和付出,在平凡的岗位上书写了不平凡的人生华章。

【案例思考】

王继才夫妇在孤岛上默默守岛卫国32年的动力是什么?

【案例点评】

1. 祖国不是抽象的,她首先表现在一定的国土即河山上

祖国的河山,是人们赖以生存和生活的基本条件,是一个民族世代生息、繁衍、发展的基础。因此,爱国首先就要热爱祖国的大好河山。王继才夫妇守岛卫国32载,同样的坚守源于同样的爱国情怀和奉献精神。正是对国家的挚爱让他们数十年如一日,抵抗住了常人难以忍受的艰难环境,始终无私地守望着祖国的大好河山,护卫着祖国的边防安宁。新时代的大学生应该像他们那样坚守平凡、甘于奉献,事不避难、勇于担当,把爱国之情、报国之志融入祖国改革发展的伟大事业之中,融入人民创造历史的伟大奋斗之中,为实现"两个一百年"奋斗目标、实现中华民族伟大复兴的中国梦贡献自己的智慧和力量。

2. 中华民族是最重视"家"的民族

中国人从小就潜移默化地形成了对家深厚的情感,家在中国人的情感中也具有极为重要的位置,每当讲起家,我们就有沉甸甸、热乎乎的感觉。"回家过年",是中国人文化认同的象征,是对自己文化记忆的顽强保留,也是对家庭、亲情等重要文化价值的坚定守候。只要看每年春节中国人怎么过年就能窥见一斑。无论天涯海角还是跋山涉水,中国人都要"回家过年",像候鸟南飞,像大潮澎湃,总会有一种刻骨铭心的感动。这是树根对泥土的眷恋,是水滴对大海的皈依,是武夷山的一杯清茶,是望海楼的一炷清香。这种文化记忆和文化认同,一到过年就浓烈释放,年复一年可代代相传。尽管全球化进程使许多东西得以化解,但回家过年的执着,显示着中国人眷念家人故土之情的永不化解。

【案例呈现】

2012年9月11日,日本企图"国有化"钓鱼岛导致了中国强烈的反对,全国各地民众爆发了较大规模的反日游行示威活动。但在游行过程中,有一些人借"爱国"之名,打、砸、抢、烧,危害同胞财产和生命安全。

【案例思考】

在新的历史时期,身为中华儿女应当如何爱国?

【案例点评】

1. 爱国主义是民族精神的核心

在当代,爱国与爱社会主义本质是一致的。建设中国特色社会主义,拥护祖国统一,是新时期爱国主义的主题。

2. 爱国不能失去理性,爱国不能逾越法律底线

理性爱国,是一种胸襟,是一种对民族负责的态度。我们应理性表达爱国诉求,把强烈的爱国情感转化为刻苦学习的不懈动力,努力促进社会和谐。

3. 爱国不崇尚空谈,而重在行动

爱国需要强烈持久的行为,即自觉地把爱国之情、报国之志化作为报国之行。学生最基本的任务是学习,因此,我们要学好专业知识,掌握为国家效力的本领,同时要正心修身,提高自己的思想道德素养,注重全面发展。

"别问国家能为你做什么,问问你自己能为国家做什么。"我们要有强烈的社会责任感,爱国、爱家、爱校,从自己身边的小事做起,做好自己分内的事。中国梦,是国家的梦,是民族的梦,也是每个中国人的梦。只有把人生理想融入国家和民族的事业中,才能"得其大者可以兼其小",成就个人的一番事业。"天下兴亡,匹夫有责",这才是家国情怀的真谛!

三　社　会　伦　理

目前,面对纷繁复杂、急剧变化的社会生活,尤其随着全球化的推进,西方发达国家大搞经济文化霸权,很多不良社会文化元素不断地输入我国文化生活之中:极端的个人主义、利己主义大张旗鼓地四处蔓延,对当代大学生道德情操的修养产生了一定的负面影响。

【案例呈现】

邦迪创可贴的由来

20世纪初的一天,在美国西部的一座小城,一个10岁左右的小男孩捏着一枚1美元硬币,沿街一家一家商店地询问:"请问,您这儿有上帝卖吗?"店主要么说没有,要么认为他是在捣乱,不由分说就把他赶出了店门。天快黑时,小男孩顽强地向第69家商店的店主开了口:"请问,您这儿有上帝卖吗?"老板是个60多岁、满头银发、慈眉善目的老头,他笑眯眯地问小男孩:"告诉我,孩子,你买上帝干吗?"小男孩激动地流出眼泪说,自己的父母很早就去世了,是叔叔养着他,而叔叔在建筑工地工作时从脚手架上摔了下来,至今昏迷不醒。医生说,只有上帝才能救他。"我把上帝买回来,让叔叔吃了伤就会好。"听完小男孩的叙述,老板的眼圈也湿润了,问:"你有多少钱?""1美元。""孩子,上帝的价格正好是1美元。"老板接过小男孩手中的硬币,从货架上拿了一瓶"上帝之吻"牌饮料,对小男孩说:"拿去吧,孩子,你叔叔喝了这瓶'上帝'就没事了。"小男孩喜出望外,紧紧将饮料抱在怀里,兴冲冲地奔赴医院。第二天,一个由世界上顶尖医学专家组成的医疗小组乘专机来到这个小城市,奔赴小男孩叔叔所在的医院,对小男孩的叔叔进行了联合会诊。很快,小男孩的叔叔就被医治好了。

但当小男孩的叔叔出院,看到天价的医疗费账单时,差点昏过去。院方很快就打消了他的疑虑,说有个叫邦迪的年长富翁已经帮他把钱付清了。后来,小男孩才知道,邦迪是一位亿万富翁,那家杂货店是邦迪的祖产,他常来此打发时间。小男孩的叔叔激动不已,立即和小男孩去杂货店向邦迪表示感谢。店员告诉叔侄二人,老板已经出门旅游了,让他们无须挂怀,并将邦迪写的一封信给了小男孩的叔叔。小男孩的叔叔展开信:"年轻人,您不需要感谢我,所有的一切,您的侄儿都已经付清费用。我要说的是,您能有这个侄儿,实在是太幸运了。感谢上帝,是他挽救了您的生命。但您一定要永远记住,真正的上帝,是人们的爱心!"

故事并没有到此结束。后来,那个到处买上帝的小男孩长大后,考进了医学院,为了感谢曾经救他叔叔的亿万富翁邦迪,也为了帮助更多意外受到伤害的人,他发明了创可贴,并用邦迪的名字来命名。

【案例思考】

邦迪创可贴的由来告诉了我们什么?

【案例点评】

1.相信奇迹

一定要相信这个世界是有奇迹存在的,而促使种种奇迹发生的最重要的因素,就是仁爱之心。一个关注的眼神、一句温暖的话语、一个爱心的举动,能帮助人们重新燃起对美好生活的希望,有了爱,奇迹就会发生。

2.学会感恩

感恩是一种生活态度,是一种品德,一个人只有心怀感恩,才会懂得珍惜,懂得尊重,懂得付出,从而去传递爱心!

【案例呈现】

涂磊脚踩机舱被炮轰

明星的一举一动都会受到大家的监督,稍有不慎就会被喷,当公众人物有松懈和不注意的时候,被大众目睹到不雅观的行为之后上传到网上就会引起很大的一股浪潮,从而影响到自己的声誉。前段时间就发生一件事,大家看一下这张图片。有谁知道这是谁,在做什么吗?

涂磊因为脚踩机舱的事件被很多网友炮轰,在巨大的舆论下,涂磊发表了长文说明了这件事,并且向公众道歉:指出录节目一录一整天,年纪越来越大,腿部有轻微静脉曲张,医生说要把腿抬高促进血液回流,他以为坐在第一排,前面和旁边都没有人,不会影响到别人,换好一次性拖鞋也不会弄脏墙壁。

【案例思考】

大家怎么看这件事?原因是什么?

【案例点评】

"德者,本也。"蔡元培曾经说过:"若无德,则虽体魄智力发达,适足助其为恶。"意大利诗人但丁说:"一个知识不全的人可以用道德去弥补,而一个道德不全的人却难以用知识去弥补。"道德之于个人、之于社会,都具有基础性意义,做人做事第一位的是崇德修身。"核心价值观,其实就是一种德,既是个人的德,也是一种大德,就是国家的德、社会的德。国无德不兴,人无德不立。"一个人只有明大德、守公德、严私德,其才方能用得其所。修德,既要立意高远,又要立足平实。要立志报效祖国、服务人民,这是大德,养大德者方可成大业。同时,还得从做好小事、管好小节开始起步,"见善则迁,有过则改",踏踏实实修好公德、私德,学会劳动、学会勤俭、学会感恩、学会助人、学会谦让、学会宽容、学会自省、学会自律。

四 人格修养

中国古代的思想家大都认为,在塑造理想人格的过程中,最重要的就是要修身养性。儒家的经典《礼记·大学》中明确提出,"修身"是齐家、治国、平天下的前提和基础,孔子提倡"修己"、"克己"和"慎独",提倡"见贤思齐焉,见不贤而内自省",曾子提出"吾日三省吾身",孟子更主张"善养吾浩然之气"。墨家也非常重视修身,强调"察色修身"和"以身戴行"。

【案例呈现】

信义夫妇刘平贵、李继林

刘平贵,女,汉族,1968年2月生,山西省晋城市北石店镇南石店村村民;李继林,男,汉族,1968年10月生,刘平贵丈夫。2010年,他们经营的面粉厂被洪水冲毁,村民寄存的100多万斤小麦损失殆尽。夫妻俩从积水中捞出账本,一边打工赚钱,一边重新开张面粉厂,把粮食一斤不少地赔给乡亲。洪水过后,76万斤小麦板结发霉,这些小麦是18个村庄200多户农民平时寄存在面粉加工厂的,需要时大家用小麦换取面粉。面对突发的灾难,有人出主意说干脆破产,把"烂摊子"留给政府处理,夫妻俩一口拒绝。两人先是取出所有积蓄25万元,又向亲戚借了10万元,全部换成小麦,让机器重新转了起来,保证乡亲们不管什么时候来取都能拿到面粉。有的村民看到他们损失很大,就向刘平贵提议:将原来100斤小麦换80斤面粉的标准调低些,夫妻俩也婉言谢绝。有人担心他们往面粉里掺搅变质的小麦,为了打消这些顾虑,他们当着全村人的面,把变质小麦全部拉到了垃圾场。4年来,李继林和大女儿外出打工赚钱买回小麦,磨成面粉还给乡亲们。刘平贵则守着面粉厂,随时给村民兑换面粉。目前,已累计赔偿小麦69万斤。刘平贵、李继林夫妇荣获"山西道德模范"荣誉称号,荣登"中国好人榜"。

【案例思考】

从刘平贵、李继林夫妇身上我们能学到什么?

【案例点评】

刘平贵、李继林的行为诠释了诚实守信的职业道德,他们二人在职业活动中诚实劳动、合法经营、信守承诺、讲求信誉,虽然自己遭受重大损失,但仍兑现对乡亲们的承诺。大学生即将步入社会,应当以道德模范为榜样,培养诚实守信的职业道德意识,为未来的职业生活打下良好的道德基础。

道不可坐论,德不能空谈。于实处用力,从知行合一上下功夫,核心价值观才能内化为人们的精神追求,外化为人们的自觉行动。青年要把艰苦环境作为磨炼自己的机遇,把小事当作大事干,一步一个脚印往前走。滴水可以穿石。只要坚韧不拔、百折不挠,成功就一定在前方等你。

所谓内修是指个体应当规范约束自己的思想行为,并将这些规范转化为自己的内在品质、人格理想、道德追求等。在当代社会中,有些人热衷于投机取巧,沉湎于灯红酒绿,在物欲横流的生活中迷失了本性,究其原因,这些人没有高尚的道德信念和坚定的人生理想,一旦外部环境变化,就会迷失自我,做出各种违背道德和法律的事情。

第三节 法治文化

广义的"文化",是指"普遍的生活方式"。在这个意义上,法治文化意味着全社会和全体人民的积极参与,使法治不仅仅是国家治理和社会治理的基本方略,而且成为人民所信任、所依靠并日益习惯的生活方式和思维方式。

所谓"法治文化",是与"人治文化"相对立的一种政治文化类型。毋庸讳言,"人治文化"或"权治文化"曾是我国长期的政治文化传统,但是它们今天已经远远落后于时代和我国的国情,甚至有可能成为中华民族振兴的沉重羁绊。因此亟待突破之,更新之,代之以"法治文化"。

一 法治价值

作为一种文化样式,法治文化必然有其核心的价值和价值观念,一般来说,秩序、公平、正义、自由、平等、效率等是法律价值各要素中最核心的部分。

【案例呈现】

从《西游记》孙悟空身上看秩序与自由

《西游记》中的孙悟空可以看作是自由的象征,他首先是"天地育成之体,日月孕就之身",直接由仙石化生,其次,他剿魔王、闹龙宫、搅地府、大闹天宫,对于等级森严、秩序井然的天宫来说,孙悟空实实在在算得上是一个"秩序化生活的异类",严重扰乱了天宫的统治秩序。最终酿成了因"大闹天宫"失败而被压五行山下的灾难。对孙悟空而言,被压五行山下的五百年是生命中最黑暗的时光,在这"度日如年"的漫长时间里,想必他对此已经有了清醒的认识,所以才会在遇到观音时殷切恳请"万望菩萨方便一二,救我老孙一救",并表示"我已知悔""情愿修行",自此专心等待唐僧,并最终跟随唐僧踏上了漫漫取经路。

孙悟空成佛之后紧箍圈的自动消失,表明此时有形的、外在的紧箍圈已经内化为无形的、自觉的"定心"了,这也意味着孙悟空在"苦历程途遭患难,多经山水受迍邅"的十四年磨炼之后,重新获得了自由,而且这一自由不同于"大闹天宫"前天真混沌的自由,而是涵融于天宫秩序中的更高形态的自由,意味着"从心所欲不逾矩"的从容境界。"再修正果"的成功,也意味和象征着孙悟空重新获得了失去已久的自由,而且这一自由是与秩序相和谐相融洽的自由,是在秩序中如鱼得水的自由。

【案例思考】

秩序表现为一切活动有章可循、有法可依、井井有条。一般认为,法律秩序即一种理想的社会秩序,法律的目的就是建立一个理想的社会秩序。正如古希腊哲学家亚里士多德所说:"法律就是秩序,有好的法律才有好的秩序。"从《西游记》中的孙悟空身上如何看待当代社会中秩序与自由之间的相互关系?

【案例点评】

人生而为人的天性即追求自由,然而人一旦生下来就会身不由己地陷入某种既定秩序中,正如卢梭所说:"人生来自由,却又无往不在枷锁之中。"个体的自由意志与群体的秩序规范不可避免地产生矛盾,如何在两者的对峙中达成和解,在秩序的压力下实现生命的和谐自由,是一个始终困扰人类的难题。要化解这一矛盾,就必须承认和保护个人的自由,并把自由置于社会的普遍利益之中,使社会成员平等地享有基本自由,使自由的个体性与社会性实现统一。法律在这一过程中,将发挥重大的作用。

天赋人权,自由作为最基本的权利之一是理性赋予人类的接受与改造自然的动力与源泉。但理性给予人类如此宝贵的精神财富却不是任意膨胀与使用的,它需要一定的限制与禁锢,通过一定的系统的、有序的理论与实践来架构一定的社会法则而来形成良好秩序的运行与稳定的发展。这才是自由与秩序的最佳契合。

【案例呈现】

法不能向"不法"让步——江苏省昆山市于海明正当防卫案

2018年8月27日21时30分许,醉酒驾驶宝马轿车的刘某,搭载其他三人沿昆山市震川路西行至顺帆路路口时,向右强行闯入非机动车道,与正常骑自行车的于海明险些碰擦,双方遂发生争执。刘某等人下车与于海明发生争执,经同行人员劝解返回车中,交通争执基本平息。但刘某突然又下车,上前推搡、踢打于海明。虽经劝解,刘某仍持续追打于海明,并返回宝马轿车取出一把长59厘米、宽5厘米的双面开刃刀具(系管制刀具),连续用刀面击打于海明颈部、腰部、腿部,双方冲突迅速升级。刘某在击打于海明过程中将砍刀甩脱,于海明抢到砍刀,刘某上前争夺,在争夺中于海明捅刺刘某腹部、臀部和砍击其右胸、左肩、左肘共计5刀,刺砍过程持续7秒。刘某受伤后跑向宝马轿车,于海明继续追砍2刀均未砍中。刘某受伤逃离后,倒在距宝马轿车东北侧30余米处的绿化带内,后经送医抢救无效,于当日死亡。死因为失血性休克。

处理结果:昆山市公安局经过缜密侦查,并商请检察机关提前介入,最终认定于海明的行为属于正当防卫,不负刑事责任,决定依法撤销于海明故意伤害案。

【案例思考】

公平始终被人们认为是人类社会一种最基本的美德和价值理想。无论在中国,还是在西方,都坚定不移地捍卫正义这一人类的价值。早在古希腊时期,公平就已经是最重要的美德。亚里士多德认为,在各种德性中,"公正是最主要的,它比星辰更加光辉","公正不是德性的一个部分,而是整个德性","公正集一切德性之大成"。在古希腊神话里,主持正义和秩序的是正义司法女神朱斯提提亚(Justitia,由法律jus一词转变而来),她的形象是一手持天平、一手持宝剑,而且都是紧闭双眼或者是在眼睛上蒙着布条。天平表示"公平",宝剑表示"正义",紧闭双眼表示"用心灵观察"。造像的背面往往刻有古罗马的法谚:"为实现正义,哪怕天崩地裂。"如何理解本案中于海明的行为属于正当防卫,不负刑事责任?

【案例点评】

正义是全人类共同追求和维护的价值观念,自从人类社会产生以来,人类就一直没有停止过对正义的追求,正义正是人类这样一种基于内在冲动而产生的最基本的价值理想。正义一开始就贯穿于法,它是衡量法是否"科学"的唯一依据。法律的基本原则是:为人诚实,不损害别人,给予每个人他应得的部分。这就是要求正义要合理限度地保证他人的利益,不侵犯他人的生活。柏拉图的传世之作《理想国》的全部内容都是围绕着探讨什么是正义和公正的问题展开的,他认定正义是人类至善的美德,并认为法律就是正义的体现,法律的好坏完全以是否符合正义为标准,服从法律就是服从正义,立法的根本目的在于促进正义的实现。

于海明的行为被认定为正当防卫行为,有以下理由:

1. 刘某挑起事端,过错在先

从该案的起因看,刘某醉酒驾车,违规变道,主动滋事,挑起事端;从事态发展看,刘某先是推搡,继而拳打脚踢,最后持刀击打,不法侵害步步升级。

2. 于海明抢刀反击的行为属于情急下的正常反应,符合特殊防卫要求

于海明面对挥舞的长刀,所做出的抢刀反击行为,属于情急下的正常反应,不能苛求他精准控制捅刺的力量和部位。虽然造成不法侵害人的死亡,但符合特殊防卫要求,依法不需要承担刑事责任。

3. 从正当防卫的制度价值看,应当优先保护防卫者

"合法没有必要向不法让步"。正当防卫的实质在于"以正对不正",是正义行为对不法侵害的反击,因此应明确防卫者在刑法中的优先保护地位。

法蕴含着的公平、正义,是协调利益矛盾的准则,因此,勇于直面现实中存在的利益矛盾,直面国家机关及其工作人员的失误缺漏,直面当今社会中的各种不公平、不正义的现象,努力正确地认识社会利益矛盾并竭力从根本上解决利益矛盾、消除各种导致各种不正义现象产生的因素,是推进社会公平正义的前提和基础。在面对危及人身的严重暴力犯罪时,法律应当引导、鼓励公民勇于自我救济,坚决同不法侵害作斗争,弘扬社会正气,允许进行正当防卫。

二 法治思维

何为法治思维?简言之,法治思维就是将法治的诸种要求运用于认识、分析、处理问题的思维方式,是形成办事依法、遇事找法、解决问题用法、化解矛盾靠法的思维。目前,我国正处在转型发展的重要时期,一些丑恶思想乘虚而入,诚信缺失、羞辱先烈的事件时有耳闻。凡此种种劣行,扭曲了社会主义社会传统的价值观,公然挑战全社会的道德底线,这恰恰是缺乏法治思维的表现。

【案例呈现】

法以砥焉,化愚为智——杨某改编国歌行政处罚案

杨某是知名网红主播,拥有众多"粉丝"。2018年10月7日晚,杨某利用虎牙直播平台在其住宅内直播时,公然篡改国歌曲谱,以摇头晃脑、手舞足蹈、嬉皮笑脸、怪腔怪调等不当娱乐化方式表现国歌内容,哼唱自己随意改编后的国歌,并将国歌作为自己所谓"网络音乐会"的"开幕曲",以此来吸引更多的网民。

　　杨某在网络直播的公共场合肆意改编国歌的行为有辱国歌的尊严、有损国家形象,引发许多网民的反感,遭到网民的举报。虎牙直播平台查实后认为杨某法律意识淡薄、社会责任感缺失。杨某作为中华人民共和国公民缺乏对国歌最基本的尊重和敬畏,在社会上造成不良影响。虎牙直播平台对杨某作出处理决定:封禁主播杨某网络直播间,冻结杨某直播账号,下架其全部相关影像作品,并对其进行整改教育。虎牙直播平台声明:将加强旗下主播的爱国主义教育和法律知识的培训,积极引导主播输出社会正能量的直播内容,提升主播的社会责任感。杨某事后认识到自己的错误,并深夜道歉,承认自己低级并愚蠢。上海市公安局静安分局查实了杨某改编国歌的行为,依法对杨某处以行政拘留5日的行政处罚。

【案例思考】

大学生为什么要树立社会主义法治思维?

【案例点评】

　　国歌表现了一个国家的民族精神,她是一个国家的象征,代表国家尊严。《中华人民共和国国歌》前身为《义勇军进行曲》,它诞生于民族危亡之际、国家危难之时,担负着唤醒四万万同胞团结起来、共同抗战的历史重任。她是先辈们用血与灵魂编织的民族记忆,是先辈们用青春、生命谱写的战斗之歌。她传承着爱国主义基因,具有强大的凝聚力、号召力、战斗力和创造力,是我们民族精神的体现。作为中华儿女,我们骨子里流淌着先烈的血,灵魂里镌刻着国歌的旋律。我们对国歌永远要保持着虔诚之意、敬畏之心和感恩之情,热爱国歌早已成为我们中华儿女的铿锵誓言,值得我们一生去践行。时至改革开放的今天,《中华人民共和国国歌》仍然指引着我们不忘初心、砥砺前行,为中华民族走向伟大复兴注入强大的精神动力。

　　本案中,杨某作为公众人物,应该具备基本的法律意识,本应利用其直播间弘扬国家主旋律,传播社会正能量,践行社会主义核心价值观。然而,杨某在直播时篡改国歌曲谱,采取低级、庸俗、戏弄等贬损国歌尊严的方式表现国歌内容,并对国歌进行不当使用,把国歌用于娱乐,作为自己直播"网络音乐会"的"开幕曲"。从形式上看,杨某的行为违反了《国歌法》的规定,即在公共场合,故意篡改国歌歌词、曲谱,以歪曲、贬损方式奏唱国歌,或者以其他方式侮辱国歌;从本质上看,杨某的行为损害了国家形象,侮辱了国家尊严,伤害了民族情感,在社会上造成了严重的不良影响。网络直播空间不是法外之地,必须守法律、讲道德。我们要时刻警惕这些有损国家形象和有辱国家尊严的行为,心怀对国歌、国旗和国徽的崇敬,捍卫国歌、国旗和国徽的尊严。

【案例呈现】

法治社会谁都不能"任性"——新疆副厅级官员贪污千万自称"法盲"

"我是个法盲,我不懂法……"面对涉嫌与同伙贪污1288万余元、独自受贿546万元的指控,新疆维吾尔自治区地质矿产勘查局原副巡视员(副厅级)杨有明说。起诉书显示,2008年5月,杨有明在收购三亚临海大厦过程中,伙同王某将所收购的临海大厦中的41套公寓予以隐匿,价值人民币1288万余元。随后,王某将其中的38套房产变卖。杨有明分得赃款571万余元,另有3套公寓落在杨有明指定的人名下,价值63万余元;王某分得赃款654万余元。检察机关除了指控杨有明贪污公款外,还指控其有546万元的受贿行为。据检察机关查明,2003年至2009年间,杨有明利用担任新疆维吾尔自治区有色地质勘查局局长的职务便利,给阿勒泰一家矿业公司提供矿产资源勘探开发帮助,收受95万元人民币;2008年3月,杨有明向中国驻吉尔吉斯斯坦一家矿产公司提供技术支持,收受100万元人民币;2009年9月,杨有明以同样的方式收受青海一家煤矿公司50万元人民币。庭审过程中,杨有明对他的7项受贿事实都予以认可。据悉,杨有明利用职务之便贪污、受贿的赃款已经在他被"双规"期间全部上交。杨有明在庭审陈述阶段说:"其实,我一直是工程师,我直接从工程师一下子升为局长,我不懂管理,思想上也没有准备。"杨有明还不止一次地苦笑着说:"我是个法盲,我不懂法。"

【案例思考】

"我是个法盲,我不懂法"是否可以成为践踏法律的理由?

【案例点评】

落马官员在剖析自己涉嫌贪腐的原因时,竟称是因为不懂法。如此说法让人啼笑皆非。党的领导干部作为治国理政的主要力量,首先要树立法治观念,培养法治思维,维护法律权威,养成心中有法、自觉守法的习惯,遇到事情、解决问题依靠法律。如果党的领导干部不懂法,是"法盲",法治中国建设终究难以落实。

1. 要破除"不用法也可解决问题"的思想

突出纠治用"偏方"包治百病的迷信心理;嫌法律程序繁杂、费时耗力,找"捷径"立竿见影的实用主义;求法不如求人,认为规定是死的、人是活的,走"暗门"信奉关系的潜规则意识;"这法那法不如领导说法",找领导踏实保险的功利思想。

2. 要破除"不畏法也无妨大碍"的侥幸

纠正不尊法不崇法不畏法,职位比法大,高人一等的优越心理;党委领导集体闯红灯,板子打不到自己身上,法不责众的从众思想;崇拜官位职权,蔑视法治权威,"信条子不信条文",权高于法的特权思想。

习近平总书记指出,法律要发生作用,首先全社会要信仰法律。法律的权威源自人民的内心拥护和真诚信仰。也就是说只有全民自觉成为法治的忠实崇尚者、自觉遵守者和坚定捍卫者,社会各界真正内心拥护、真诚信仰,让法治成为一种价值追求,社会主义法治国家建设才能务期必成。培育、实践和坚定法治信仰、弘扬法治精神,是一项长期而艰巨的任务。

任何人都没有法律之外的绝对权力。用好"法治思维"的标尺,领导干部要弄明白法律规定我们怎么用权,什么事能干、什么事不能干。心中高悬法律的明镜,手中紧握法律的戒尺,知晓为官做事的尺度。

任何人都不得违背党中央的大政方针、搞"独立王国"、自行其是,任何人都不得把党的政治纪律和政治规矩当儿戏、胡作非为,任何人都不得凌驾于国家法律之上、徇私枉法,任何人都不得把司法权力作为私器牟取私利、满足私欲。

三 法律法规

法律不是从来就有的,也不是永恒存在的。法律是由国家制定或认可并以国家强制力保证实施的,反映由特定社会物质生活条件所决定的统治阶级意志的规范体系。目前,我国现行有效法律已有260多部,中国特色社会主义法律体系已经形成并不断发展。这一法律体系是以宪法为统帅,以法律为主干,以行政法规、地方性法规为重要组成部分,由多个法律部门组成的有机统一整体。

【案例呈现】

范冰冰偷逃税款行政处罚案

2018年5月28日,有人先后晒出几张演艺合同照片,合同中有范冰冰的名字,曝光合同约定片酬为税后1000万元。其后又再度曝光范冰冰"大小合同",另行约定片酬为5000万元,两合同共拿走片酬6000万元,而实际上范冰冰在片场演出只有4天。范冰冰被曝光"4天拿了6000万元"的"大小合同"后引发了关于明星税务问题等行业乱象的严肃讨论,引起了国家税务总局的高度重视,国家税务总局责成江苏等地税务机关依法开展调查核实。江苏等地税务机关调查证实:范冰冰在电影《大轰炸》剧组拍摄过程中实际取得片酬3000万元,其中1000万元已经申报纳税,其余2000万元以拆分合同方式偷逃个人所得税618万元,少缴营业税及附加112万元,合计730万元。此外,税务机关还查出范冰冰及其担任法定代表人的企业少缴税款2.48亿元,其中偷逃税款1.34亿元。税务机关依法对范冰冰偷税行为作出处罚决定。

范冰冰在新浪微博发布道歉信称,对自己的所作所为深感羞愧,向大家诚恳道歉,完全接受税务机关调查后依法作出的一系列处罚决定,将按照税务部门的最终处罚决定,尽全力克服一切困难,筹措资金、补缴税款、缴纳罚款。

【案例思考】

如何看待明星逃税、偷税事件?

【案例点评】

范冰冰偷逃税款案件终于尘埃落定,税务机关依法对其作出了行政处罚,范冰冰被责令按期缴纳税款、滞纳金、罚款8.84亿元。范冰冰案是我国税务部门近年来处理的个人偷逃税款金额最大的案件。

该案的查处起到了规范引导和警示教育的作用。影视明星作为公众人物,承担着重要的社会责任,范冰冰的偷逃税行为引发了影视界业内的深刻反思。"阴阳合同"是影视界公开的"潜规则",是影视明星偷税、漏税的主要手段之一。税务机关对于范冰冰拆分合同、"阴阳合同"的行为处罚较为严厉,罚当其过,对今后类似偷税、漏税的违法行为起到了强烈的警示教育作用。范冰冰偷税被处罚后,影视界开展纳税自查行动,影视明星主动依法纳税,自觉纠正偷税、漏税行为并积极补缴税款,起到了规范引导影视界的作用。范冰冰偷税案时刻警醒影视明星要遵纪守法、依法纳税、诚信纳税。自重、自尊、守法是影视明星立身之本,影视明星应根据人民对文艺的要求,自觉走德艺双馨的道路。

作为当代大学生要做尊法、学法、守法、用法的好公民。

四 校 纪 校 规

在制定我国第一部宪法时,毛泽东指出:"一个团体要有一个章程,一个国家也要有一个章程,宪法就是一个总章程。"而国有国法,家有家规,一个学校也应该有自己的规章制度、校规校纪。作为一名学生,应该严格要求自己以校规校纪来约束自己的行为。所谓"没有规矩,不成方圆",要意识到遵纪守法、遵守校规校纪的重要性。

【案例呈现】

大学生违反校规校纪被处罚后自杀

2019年元旦,在所有人开始规划新年时,一位22岁的大四女生小苗,却用自杀的方式,将生命永远定格在新年的第一天。而导致自杀的原因,是小苗违反学校规定后因嫌处罚过重而选择自杀。

2017年6月21日,不想去水房打热水的小苗,和往常一样,选择用又快又方便的热得快烧水。在这期间小苗出去了一趟,回来的时候,发现宿舍楼下面站满了人还来了消防车。这才让小苗想起自己的热得快,所幸没有人员伤亡,但宿舍里的东西无一幸免,还殃及了隔壁宿舍。学校明文规定禁止使用大功率电器,小苗的违规,让她受到了严厉处罚。她要赔偿宿舍损失近6万元,这对出生于乡镇家庭的她,是笔不小的巨款。更为严重的是,事故发生后,学校给予了她通报批评,并取消学位证,还多次把她作为反面典型,在学校大会上点名批评。

小苗成绩优异,多次获奖学金,还是学院学生会办公室主任、主席团成员,已经考过了英语六级、教师资格证书,还曾将5000元的奖学金让给家庭困难的同学。这些处分让已是预备党员的她,被学校取消了入党资格,甚至影响了她的考研,有着心理负担的她,选择了轻生。一个品学兼优、为人善良、乐于助人的花季女孩,就因为对校规校纪的无视,毁了一生。

如果不是这件事,花容月貌的女孩,依然是那个好学生,有美好的未来,有大好的前途,也许会顺利入党、考上研究生,会有着阳光灿烂的人生。可生活,永远没有那么多如果。

【案例思考】

是什么原因酿成这个悲剧呢?

【案例点评】

校规校纪是在校学生所必须遵守的基本准则,是学校衡量学生行为的一把标尺。只有严格遵守它,才能养成良好的习惯,提高我们的综合素质,健全我们的人格、思想。

人没有绝对的自由,就像高飞的风筝需要线的牵引,嬉戏的鱼儿离不开水的滋养,无规矩,不成方圆。到学校的最终目的不只是学习知识,更重要的是学会如何做人,而校规就是行为的准绳。学习"礼仪",要以校规、校纪为准绳,提升我们的个人素养。

在遵守校规校纪中,不能仅提高思想上的认识,也要提高对养成文明礼貌的良好形象重要性的认识,自觉地规范自己的言行,并逐步养成良好的行为习惯。

第四节 卓越工业文化教育

党的十八大以来,国民经济增长方式由高速增长转向为中高速稳定增长,从要素驱动转向创新驱动发展。经济发展新常态要求经济结构优化升级,经济运行提质增效,让"中国制造"走向"优质制造"和"精品制造"。国家将推进"一带一路"建设作为经济转型发展的引擎,将互联网+作为现代产业协同创新发展的基本手段。加快实施《中国制造2025》规划,通过制造业创新中心建设、智能制造、工业强基、绿色制造、高端装备创新等五项重大工程,推进移动互联网、物联网等与现代制造业结合,加快从制造大国转向制造强国。到2025年,制造业进入世界强国行列;到2035年,达到世界制造强国阵营中等水平;到2045年,综合实力进入世界制造强国前列。"中国制造"向"中国创造"和"中国智造"转型发展成为新常态,高校要发挥多样化人才培养、技术技能传承和技术创新的重要作用,培养卓越工程技术人才,主动融入产业,走特色化发展和差异化竞争的道路,提高对行业产业发展的创新引领作用和技术技能人才的基础支撑作用,以卓越工业文化教育助推区域经济社会发展转型升级。

一 工业文化发展历程

中华人民共和国的诞生是20世纪世界上最伟大的事件之一,同样,中华人民共和国成立70周年的工业发展史也是人类工业文明史中最辉煌的篇章之一。2017年1月,国家工信部、财政部为贯彻落实《中国制造2025》,推进工业文化加快发展,发布了《关于推进工业文化发展的指导意见》。意见开篇写道:"工业是强国之本,文化是民族之魂。工业文化是伴随着工业化进程而形成的、渗透到工业发展中的物质文化、制度文化和精神文化的总和,对推动工业由大变强具有基础性、长期性、关键性的影响。"我国工业发展历经新中国70载春华秋实,愈加生机勃勃。总结和回顾我国工业发展历史,在新时代新征程中,我们更需要发展中国特色的工业文化以提升国家文化软实力,打造中国制造众多的品牌形象,开启全面建设新时代社会主义现代化强国的新征程。

【案例呈现】

稀有金属和材料专家、中国工程院院士李东英

1949年,29岁的李东英在有色金属领域,投下了一颗"重磅炸弹":研制并生产出固体黄药的工艺和设备,其基本生产工艺传承近百年,到今天还在沿用。几年后,他在国内建立起了第一个稀土、半导体材料、稀有金属加工研究实验室,这一步的迈出,给中国未来半世纪拓荒。1960年粮食紧缺,本该在"科学殿堂"的他,穿着粗布衣蹲在农田,做施用稀土元素实验。他是中国第一位,在粮食、经济作物上,使用稀土元素的奠基人。年增加经济效益6亿,累计获经济效益近百亿。目前我国在稀土农用领域的地位,已是世界领先。

一生为国"炼金",一声"居功至伟"。他的名字叫李东英。

【案例思考】

工业文化深深植根于中华文明现代转型的基础上,是中华民族生生不息、走向复兴的精神源泉之一。工业文化作为现代工业社会的主导文化,为制造强国梦提供价值观引领、精神力量支撑,也是保障高素质人才供给和提升工业产品国际竞争力、构建中国制造"走出去"的文化桥梁,对引导和推动制造强国建设具有重要作用,与实现制造强国建设目标相匹配的工业文化是制造强国建设的驱动力。从稀有金属和材料专家、中国工程院院士李东英身上我们学到什么?如何理解中国工业文化发展的历程?

【案例点评】

我国工业文化的形成和发展主要经历了三个阶段:

新中国建立之初,我国工业可谓是一穷二白。如何打下我国的工业基础成了摆在中国共产党人面前极为重要的问题。以毛泽东同志为核心的中共第一代领导集体迎难而上,对这一课题进行了艰苦探索。他们从中国具体国情出发,提出了"向科学进军"的口号,从以苏联为首

的社会主义阵营国家引进156个重大项目,并制定了第一个五年计划,发挥社会主义计划经济体制"集中力量办大事"的特点,创造了中国工业发展史上的第一个"黄金时期",为我国重工业发展打下坚实基础。在我国社会主义工业文化发展初期孕育出大庆精神、鞍钢宪法、两弹一星等工业文化典范,涌现出一批彰显当时社会主义工业文化的优秀企业技术革新班组,如"孟泰工作法""郝建秀工作法""赵梦桃小组"等,涌现出"铁人"王进喜、"老英雄"孟泰、郝建秀、赵梦桃等各行各业的全国劳动模范,形成了自力更生、艰苦奋斗、无私奉献、爱国敬业等富有中国特色艰苦创业时期的工业精神,为我国初步建立较为完善的工业体系注入强大的精神文化动力。

改革开放以来,我们迎来了经济发展的高速发展期,也创造了世界工业发展史上的奇迹。改革开放后,我国进入以经济建设为中心的正常发展轨道,特别1978年全国科技大会的召开,标志着我国的科技事业迎来了"科学的春天"。随着改革开放总设计师邓小平做出"科学技术是第一生产力"的论断逐渐深入人心,我国相继组织实施了星火计划、火炬计划、"863"计划等一系列科技发展计划。同时在社会主义计划经济向社会主义市场经济转轨过程中涌现出一批先进企业家群体,如"剪开企业改革帷幕"的步鑫生、鲁冠球、张瑞敏、倪润峰、刘永好等,也涌现出一批注重产品品质的优秀企业。但由于经济长期处于短缺的境地,民众缺衣少粮,经济增长方式重速度和数量,轻质量和效益,导致中国大部分制造企业忽略了产品的品质灵魂,特点是只求差不多不求有多好,只求过得去不求过得硬。

特别是我国加入世贸后,在"与狼共舞"的国际竞争中,已涌现出一大批注重产品质量、成功突围的优秀企业,比如海尔、华为、格力等。它们的成功就在于:严把质量关,重塑工匠魂。海尔质量之路始于20世纪80年代"砸冰箱"事件;华为不仅对科研投入居中国企业之首,更把质量当作生命,对其手机设计、制造过程进行严格甚至苛刻的测试;格力人树立产品即人品的理念,对其质量管理采用看似一个最笨的办法——挨个"过筛子",对从国内外几百个供应商手里采购的1500多种元器件逐个检验和筛选,以确保产品质量。伴随这些优秀企业的成长并走向世界,中国企业文化承载着中国文化和中国工业文化的基因走出国门,创新、共享、真诚、合作等先进理念为中国企业所信奉,"劳模精神""工匠精神""企业家精神"等工业精神已经深入人心,而内敛深蕴其中勤劳、朴实、仁爱、包容的悠久传统正在刮起现代的"中国风"。

【案例呈现】

著名空间科学和行星物理学家、中国科学院院士万卫星

2011年,万卫星主持下的"子午工程"首枚探空火箭发射成功。中国的航天航空人,由此向世界发出第一声呐喊:我们的征途,是星辰大海!接着,万卫星挂帅出征,成为中国火星探测首席科学家,举世瞩目的中国火星探测计划启动。围绕行星探测近10年,他描绘了一幅宏大的中国行星探索图。可2017年在科研攻关的紧要关头,万卫星突然消瘦、便血、频繁感冒……到医院一查:肿瘤晚期。2020年1月,他拖着病体站上讲台,脸色苍白地做了最后一次学术报告。同年4月,他虚弱到只能躺在病床上,同事给他带来好消息:"火星探测项目有名字了,叫'天问一号'。"那天他消瘦的脸上,终于浮现一抹苍白的笑意,他说了两个字"7月",之后便是一声长长的叹息……7月,万卫星苦苦煎熬等待的7月。可上天怎么就不肯多给他一点点时间。5月20日,天降瓢盆暴雨,人间巨星陨落!年仅62岁的万卫星带着遗憾离去,万卫星没有看到,7月23日举国沸腾,因为他的孩子"天问"成功升空!

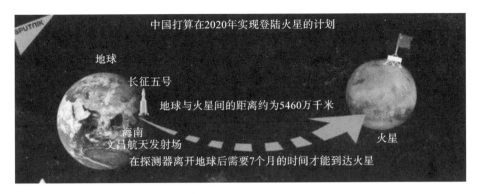

试问天公高几许?"天问"一战冲寰宇! 他的名字,叫万卫星。

【案例思考】

从著名空间科学和行星物理学家、中国科学院院士万卫星身上我们学到了什么?如何理解我们的目标是星辰大海,中国工业文化自信的底气之源是什么?

【案例点评】

首先,我们的工业文化自信源于中华优秀传统文化所蕴含的强大文化基因。不忘本来,方能赢得未来。五千年华夏文明,源远流长,创造了无数灿烂辉煌的中华文化,自古传颂的"工匠精神"深深植根之中,无论是土木器的鼻祖鲁班,还是都江堰的设计者李冰,都是传扬千年的"大国工匠"。这些传统工匠精神历久而弥新,在不断地创造性转化和创新性发展中与当代中国工业文化相适应,与现代企业发展相协调,展现出巨大的文化光辉,焕发出强大的文化生命力,可以为我们的制造强国梦提供有益的精神文化动力。

其次,我国工业文化自信来源于新中国成立初期所形成的"自力更生、艰苦奋斗、无私奉献、爱国敬业"等具有中国特色的工业精神,孕育出了一种不畏艰险、勇于牺牲、敢于担当的社会主义工业文化。这一文化迸发出生生不竭、代代不息的文化动力,激励着一代又一代的中国共产党人领导中国工程技术人员、产业工人矢志不移,不断前行。红色工业文化时至今日仍然是我们行进在中国式现代化伟大征程中的持续文化动力。今天,我们面临的机遇前所未有,但我们面对的挑战也前所未有。"开弓没有回头箭",艰难险阻只能一个个去克服,深水险滩只能一个个去跨越。只有不畏艰险、勇于牺牲、敢于担当,坚持问题导向,增强进取意识,才能一往无前、继续前行。正是因为红色工业文化所迸发出的文化动力,站在新的国际工业竞争中充满坚定的文化自信。在"中国制造2025"的战略计划下,我国正在实现由制造大国向制造强国迈进。

最后,文化自信源于社会主义先进文化所指向的科学文化方向。不失方向,方能引领未来。新时代,实现制造强国梦更离不开新时代工业文化来提供源头活水。如果不弘扬工业文化,不倡导工匠精神,就谈不上制造强国;而"制造强国梦"是"中国梦"重要组成部分。在制造业中,特别在高端装备制造业中工业文化是工业之脊梁,兴国之重器,强国之基石,是世界各国重点发展方向,是大国间争夺的战略制高点。我国装备企业在"明知山有虎,偏向虎山行"中浴火重生,突破国外技术封锁,实现了从无到有、从弱到强的赶超过程,从高铁到大飞机、从工程机械到数控机床、从港口设备到船舶制造,以及核电设备和特高压输变电技术,再到二维码、在线支付等移动互联网应用被一些硅谷企业学习效仿,越来越多的中国技术和产品叩开了国际市场的大门。中国特色社会主义工业道路除了要解决新领域、新装备等技术问题,同样需要工业文化为依托。一台高端的智能手机,不仅要有高水平研发团队和能打苦战的营销队伍,还有背后几百上千家中小配套厂、数十万产业工人。如果没有坚实可靠的工业文化根基,没有"狼群"一样特质的合作精神,没有一致的追求卓越企业价值观,没有极致的文化追求,工业发展之路就不可能成功。新时代工业文化不仅诠释了一种新的生产理念和团队协作,更指引了我们勇攀世界技术高峰,而且指明了中国制造业变大变强已成必然。

二 装备制造业文化特质

【案例呈现】

雪域天路的筑梦人张鲁新

"这条天路,像巨龙飞在高原上,穿过草原啊,越过山川,载着梦想和吉祥。"一首耳熟能详的《坐上火车去拉萨》用朴实的歌词唱出了青藏铁路建成通车后,人民群众的喜悦心情。这条世界上海拔最高、线路最长的高原铁路开通的背后,却很少有人能知道修建这条"天路"的人都有谁。现在就让我们一起走近青藏铁路建设总指挥部唯一的首席科学家、西南交通大学铁道工程与地质专业1969届杰出校友张鲁新,一起聆听他与"天路"的故事。

1. 书香门第里走出的科学家

1947年出生于山东宁津的张鲁新,是由他的叔叔,我国著名油画家、中央美术学院著名教授林岗抚养成人。在他9岁的时候,就熟读了苏联作家奥斯特洛夫斯基的成名小说《钢铁是怎样炼成的》,书中主角保尔·柯察金成了他一生最崇拜的英雄,也是激励着他在科学道路上前进的精神榜样。在高考结束后,张鲁新顺利考入了唐山铁道学院(现西南交通大学),攻读铁道工程地质专业,开始了他与地质科学接触的第一步。

1970年,23岁的张鲁新大学毕业,开始研究冻土工程,三年后,他就去了青藏线,在青藏高原上住了下来,一住就是32载春秋。而青藏铁路在向西挺进的征途中遭遇了各种自然灾害和社会问题的阻挠,在这片高原土地上,红旗不倒,身后的人却在不断减少,到了最后几乎就只剩张鲁新一人还在孤军奋战。他在高原上曾多次一天一夜没吃一顿饭,在试验场一蹲就是30多个小时。最长的一次,他竟一年零一个月没有走下唐古拉。为了获取冻土长期承载力的准确数据,他要在白雪皑皑、狂风呼啸的风火山上,在零下30℃的寒夜里,顶着雪花冰粒,不顾腿脚冻僵,站立8个小时观测。"我觉得,既然选择了这个专业,就要在从事的研究领域中做最优秀的。我希望所研究的成果能为青藏铁路建设打下牢固的技术基础,盼望着青藏铁路在我们这一代人手中成功修建。青藏铁路建设的需要,就是我奋斗的动力。"

2. 破解冻土奥秘的坚守者

1976年8月,张鲁新所在的中国科学院冻土队东线分队,在离开公路80千米的无人区工作。一天清早,他和两个同事带上地图和工具出发,工作任务是步行20千米进行地质测绘填图。开始很顺利,但越走越觉得地形不对,没找到早就应该出现的山谷,却走到了一条大河边。天色渐晚,再加上突然来袭的暴风雨,让他们完全失去了方向。在连续奔波之后,他们只能蜷缩在山崖下躲避风寒,绝望之中借助着仅剩的三根火柴所发出的亮光吸引了救援人员的注意,这才侥幸逃过死神之手。

万事开头难,在海拔高达4700米的青藏高原上开辟一番天地更是难上加难。这种场景,在张鲁新的工作经历中遇到过若干次。但青藏高原的危险和劳累从来也没有挡住张鲁新为青藏铁路建设而攀登科技高峰的步伐。环境的艰苦、工作的劳累并没有打消张鲁新学习的念头,反而使他对知识的渴求日趋强烈。在几十年的孜孜探索中,张鲁新积累了大量的第一手资料。

20世纪70年代以来,张鲁新以严谨的科学态度参与了铁道部、中国科学院冰川冻土研究所、铁道部西北科学院开展的青藏高原、青藏铁路多项冻土课题的研究。在这一科研领域,他学到了大量的知识,并应邀赴苏联中亚五国进行学术交流,考察了西伯利亚铁路,深化了对冻土的认识,取得了一批理论成果。2001年以前,张鲁新在全国及国际冻土学术界发表了数十篇重要文章,在冻土科研领域产生很大的影响。此前,张鲁新还多次参加了国际冻土工程学术讨论会,到俄罗斯科学院西伯利亚分院交流,到莫斯科、圣彼得堡科学研究、勘测设计单位进行学术交流,成为国际知名的冻土学家。1995年至2000年间,张鲁新又完成了多个重点课题,并且培养出了一批优秀的青年人才,为今天的青藏铁路建设提供了坚实的理论基础和技术基础。

3. 雪域天路的筑梦人

科学研究成果必须付诸实施,才能完成向生产力的转换,才能充分体现它的价值,才能在生产实践中得到升华。由于青藏铁路大部分线路处于"生命禁区"和冻土区,面对高原冻土这一世界性难题,国外专家都认为在这里修铁路几乎是不可能的,美国火车旅行家保罗·泰鲁在《游历中国》一书中写道:"有昆仑山脉在,铁路就永远到不了拉萨。"面对铁路修建的种种困难,2000年9月,中央召开了几次修建青藏铁路的论证会,张鲁新作为唯一一个坚持下来的冻土专家参加了。在一次决定青藏铁路命运的会议上,许多人都反对修建青藏铁路。而张鲁新用自己坚守高原30年的鲜活事例回击了很多反对的声音,也就是在那次会议上,青藏铁路的路线被确定下来,后来一些媒体说,是张鲁新扭转了整条青藏铁路的走向。

青藏铁路建设是世界上第一次大规模在高原冻土区进行的铁路建设工程。张鲁新深知重任在肩。2001年在铁道部的主持下,张鲁新和中科院、铁科院等200多名科学技术人员,对路基、桥涵、隧道领域主要工程试验研究课题有了初步结论,验证了部分设计和工程措施的有效性,并广泛应用;2002年冬天,张鲁新负责冻土区路基变形检测及其数据分析工作;2003年1月7日,为了弄清试验段地基出现变形问题的原因,张鲁新和设计院技术人员不顾零下30摄氏度严寒和缺氧的困难,走向工地;2003年,张鲁新又和总指挥部工程技术人员多次深入调查路基变形问题;2003年7月中旬,为了不失去一次和冻土科研专家交流学习的机会,张鲁新拖着病体毅然参加学术会议,他忽略了感冒发烧时上高原容易诱发高原病,一旦得了高原病就有生命危险的现实情况……

一次次的反复实践与发展,才带来了青藏铁路的顺利通车,张鲁新为青藏铁路耗尽了半生心血。

【案例思考】

从雪域天路的筑梦人张鲁新身上我们学到了什么?我国装备制造业发展现状及文化特质是什么?

【案例点评】

在制造业中,特别在高端装备制造业中工业文化是工业之脊梁,兴国之重器,强国之基石,是世界各国重点发展方向,是大国间争夺的战略制高点。我国装备企业在"明知山有虎,偏向虎山行"中浴火重生,突破国外技术封锁,实现了从无到有,从弱到强的赶超过程,从高铁到大飞机、从工程机械到数控机床、从港口设备到船舶制造,以及核电设备和特高压输变电技术,再到二维码、在线支付等移动互联网应用被一些硅谷企业学习效仿,越来越多的中国技术和产品叩开了国际市场的大门。从中国桥、中国车、中国港、中国路、中国网等一项项超级工程的辉煌呈现,再到能探索万米海底的"蛟龙"号、探索深邃太空的"天眼"工程等国之重器的惊艳亮世,我国的工程技术人员及产业工人以匠心铸就出多个"世界之最",提升了中国的国际地位,并助力中国梦的早日实现。

2014年,我国机械装备制造业产值规模已突破20万亿元,稳居世界首位。机械装备制造业作为湖南的支柱产业,在全国制造业质量竞争力指数排位中位列第7。据湖南省统计局统计,机械行业规模以上企业达到2324家,产销规模超过8000亿元,全国排位13,成为湖南省第一大产业。以中联重科、三一集团为代表的机械装备制造企业,已形成具有国际竞争力的湖南品牌。2014年"全球工程机械制造商50强"排名中,中联重科、三一集团和山河智能分别位列第9位、第10位和49位。金杯电工、江麓机电、山河智能等10家龙头企业进入中国机械500强行列,上海大众汽车(长沙)正朝着年产能60万辆、年产值1500亿元的目标发展。随着长株潭国家自主创新示范区、湘江新区以及长株潭城市群等战略项目的实施,一批优势产业集群、高新技术产业集群以及工业园区正在快速集聚。

湖南机械装备制造业的快速发展和转型升级,对技术技能人才提出新的需求。调查显示,未来五年,对机械制造工艺工装设计、成套化设备装调、汽车制造与装配、工业机器人编程与设备维护等领域的高技能和复合型人才,每年新增需求3.5万人左右。在财务、信息、工业设计等装备制造产业服务领域,人才需求总量每年不低于1.5万人。因此,融入产业开展特色化专业建设,培养职业技能和创新能力高度融合的技术技能人才,缓解湖南省装备制造产业高技能、复合型人才供需矛盾,是高职院校发挥产业支撑作用的必然要求。

三 新时代工匠精神的培育

党的十九大报告提出,"建设知识型、技能型、创新型劳动者大军,弘扬劳模精神和工匠精神,营造劳动光荣的社会风尚和精益求精的敬业风气"。报告中所提的"工匠精神",在我们看来,是具有新时代内涵的。当前,我国正处在从工业大国向工业强国迈进的关键时期,建设高素质产业工人队伍、打造大国工匠、培育新时期的工匠精神,对于建设制造强国具有重要意义。中国进入新时代,工匠精神已渗透我国的各行各业,是个人成长、企业腾飞、复兴梦想强有力的精神力量。它是飞速发展时代人心易迷失的一剂"清心剂",是解决中国经济由速度向质量转变的"药引子"。只有越来越多的大国工匠涌现出来,才能进一步提高我国职工队伍的素质和产业工人队伍的整体水平,从而实现中国制造向中国创造的全面跨越。

【案例呈现】

全国职业技能大赛——精彩比拼!数百名技能"高手"脱颖而出

2020年12月10日至13日,中华人民共和国第一届职业技能大赛在广州举行,习近平总书记向大赛致贺信。这是一场前所未有的职业技能"超级大赛"——规格最高、项目最多、规模最大、水平最高,2557名选手在86个比赛项目中切磋技艺、亮出绝技。

经过3天激烈角逐,一批技能"高手"脱颖而出,来自广东省等多个省份的97名选手荣获86个项目的金牌。本次大赛还选拔出630多名选手入围第46届世界技能大赛中国集训队。他们将通过进一步的集训考核,最终每个项目将遴选1名(队)选手走进2022年将在上海举办的第46届世界技能大赛赛场,与全球顶尖选手们同台竞技、再攀高峰。

从数控车、工业机械、飞机维修等先进制造业,到工业4.0、移动机器人、云计算、新能源汽车、智能化技术等战略性新兴产业,再到美容、美发、烘焙、餐厅服务等现代服务业项目……大赛广泛覆盖国民经济行业大类,为各行各业的劳动者成才创造条件、提供平台。

刀砌砖垒、一气呵成,200多块砖砌成的多孔拱桥与图纸难差分毫;手指翻飞、精雕细琢,"魔法"般变出的各色面包和糖艺造型;只用17个小时,近3米高水泥钢筋房拔地而起,精度达到毫米级……选手们大展身手,充分展现劳动之美、技能之光。

这是一次新时代技能人才风采的全面展示——心中有梦、眼中有光,脚下有路、志在四方,更多劳动者特别是青年人走上技能成才、技能报国之路,也点亮了大国制造的未来。

【案例思考】

高职大学生应如何顺应时代潮流,用技能点亮人生?

【案例点评】

劳动成就梦想,技能点亮人生。习近平同志指出,"一切劳动者,只要肯学肯干肯钻研,练就一身真本领,掌握一手好技术,就能立足岗位成长成才,就都能在劳动中发现广阔的天地,在劳动中体现价值、展现风采、感受快乐。"这是习近平总书记对全国劳动者的殷切期盼。劳动创造美好的生活,时代呼唤"工匠精神"。中国特色社会主义进入新时代,大学生是国家建设的主力军,是国家的未来和希望,担负着建设社会主义,实现"两个一百年"奋斗目标和中华民族伟大复兴的历史重任。

当今世界,综合国力的竞争归根到底是人才的竞争、劳动者素质的竞争。我们学校的校园文化有着深厚的"培养匠心•塑造匠魂"的光荣传统,作为职教学子的我们,能为新时代"工匠精神"代言而倍感自豪。当前,我国正处于"中国制造"向"中国创造"转型升级的重要阶段,是实现中国"优质制造"的关键时刻,面对"十四五"蓝图和重任,新时代高职大学生要顺应时代,树立远大雄心壮志,做时代的弄潮儿;认真学习专业知识,钻研技术技能,提升创新能力,积累成才的基础;开阔视野,拥有开放的学习思维,学习新知识新技术,争做新时代的大国工匠。

四 卓越工业文化品牌

教育部在《关于推进工业文化发展的指导意见》中指出,"把工业文化融入职业学校,做到产业文化进教育、工业文化进校园、企业文化进课堂。"湖南工业职业技术学院是湖南省内装备制造专业最全、规模最大、历史最久的高职院校。作为培养新时代"工程师"的摇篮,近年来,学校着力打造工业文化环境,凸显制造产业文化氛围,让文化渗透进每位师生的肌肤和骨髓,充分发挥了文化育人的功能。

【案例呈现】

"大国工匠"龙卫国回母校讲述成长故事

龙卫国,湖南省机械工业学校2001届电气自动化专业毕业生,现任中联重科高级技师,曾先后担任20余项破全球纪录新产品的调试第一负责人,与世界顶级逃脱魔术大师迪恩合作、被迪恩誉为"走遍世界遇到的最好起重机手"。

毕业17后,龙卫国应邀回母校分享自己一步步成长为"大国工匠"的经验与感悟,传授做人做事的方法,为在读学子指点迷津。在此次活动中,龙卫国走进实训室,通过现场操作和提问互动环节,让师生在熟悉的工作学习环境中,零距离感受大国工匠的风采。

"我在中联重科只花了6个月就出师,并很快成了别人的师傅,而别的学徒一般需要学习一年。"龙卫国回忆说。他详细介绍了自己在工作中,不畏困难,紧盯问题,与同事们一起经过上千次试验、调试,先后攻克了起重机"吊臂旁弯""变幅抖动""卷扬溜勾"等大吨位、超大吨位的行业技术难题,均打破了国外的技术垄断和壁垒的事迹。

他告诉同学们,我们处在一个伟大的时代,只要努力、用心、踏实地把每一件事做到极致,就能在平凡的岗位中做出不平凡的成绩,为企业、为社会做出应有的贡献。活动最后,龙卫国与现场师生一起宣读了《争做大国工匠,勇担时代大任》倡议书。"青年兴则国家兴,青年强则国家强。""让我们爱党爱国,充满自信,做朝气蓬勃的新青年。""让我们勤奋学习,苦练技能,做实干敬业的新青年。""让我们牢记使命,矢志奋斗,做堪当大任的新青年。"

【案例思考】

作为高职学子的你们,从学校卓越工业文化品牌创建中得到了什么样的教育?

【案例点评】

2017年,湖南工业职业技术学院印发《关于加强卓越工业文化建设的意见》,制定了理念文化、制度文化、环境文化、行为文化的具体建设方案,推进工业文化进校园,建设工业文化载体,营造工业文化氛围,将"卓越工业文化"融入到校园环境、教育教学和人才培养等各个环节,取得较好成效。

目前,学校卓越工业文化建设成果累计30余次获得国家、省级10多家主流媒体的高度关注,其中《光明日报》、人民网分别以"全国劳动模范罗军走进湖南工业职院思政课堂""工业职院:'大国工匠'龙卫国回母校讲述成长故事"为题,专题报道我校"卓越工业文化讲坛"的有关情况,《中国教育报》、中新网分别专题报道了我校卓越文化进课堂的实施情况。在2019年全国职业院校工业文化发展论坛上,我校作为职业院校代表就卓越工业文化建设做经验发言。

文化治校是学校管理的最高境界,先进的文化能推动学校发展。在建设"卓越工业文化"的过程中,湖南工业职业技术学院将继续用特色文化来引领学校的各项工作,充分体现师生爱岗敬业、诚实守信、团结协作的职业素养,以及精益求精、崇尚质量的工匠精神,弘扬"敢为人先、追求卓越、超越自我"的工院精神,培养师生独特的精神气质,促进同学们成长成才,进一步丰富学校的文化内涵,提升学校的办学品位,引领学校不断走向卓越、走向辉煌。

第三章 健体育人

贯彻立德树人的价值追求,必须在张扬德育、智育的基础上,奋力补上体育、美育与心理健康教育的短板。身心健康是促进人的全面发展的必然要求,是经济社会发展的基础条件,是民族昌盛和国家富强的重要标志,也是广大人民群众的共同追求。党的十八届五中全会明确提出推进健康中国建设,从"五位一体"总体布局和"四个全面"战略布局出发,对当前和今后一个时期更好地保障人民健康作出了制度性安排。当前我国实施"健康中国2030"规划纲要是贯彻落实党的十九届五中全会精神、保障人民健康的重大举措,对全面建成小康社会、加快推进社会主义现代化具有重大意义。同时,这也是我国积极参与全球健康治理、履行我国对联合国"2030可持续发展议程"承诺的重要举措。为此,学校以学生身心发展环节拉升作为学校内涵发展重要目标,形成奋进合力,深化奋进效果,把"奋进之笔"落实为奋进之效。

第一节 以体育人

体育强国梦与中国梦紧密相连,体育为中华民族伟大复兴凝心聚气。体育精神是中华民族精神的重要组成部分,是传播中国特色社会主义文化的重要载体,是社会主义核心价值观的充分体现。新中国成立70多年来,在中国共产党的正确领导下,我国体育事业发展取得了辉煌成就,产生了诸如女排精神、乒乓精神、女足精神、登山精神、北京奥运精神等具有代表性的体育精神,这都是中华体育精神的有机组成部分。进入新时代,随着我国社会主要矛盾已经转化为人民日益增长的美好生活需要和不平衡不充分的发展之间的矛盾,我国体育事业发展的战略重点逐步聚焦于服务于人民的美好生活需要、服务于健康中国的国家战略、服务于中华民族的伟大复兴。我们比以往任何时候都更需要弘扬体育精神、振奋中国力量。

一 疾病防控

健康中国建设,要坚持预防为主,推行健康文明的生活方式,营造绿色安全的健康环境,减少疾病发生。要调整优化健康服务体系,强化早诊断、早治疗、早康复,坚持保基本、强基层、建机制,更好满足人民群众健康需求。

【案例呈现】

2017年4月26日,一则消息迅速在朋友圈传播,数据让人触目惊心。长沙市岳麓区疾控中心举行了高校疫情通报和骨干成员培训会议。会议指出,截止到2017年4月6日,报告现居地为岳麓区的艾滋病病毒感染者已达到603人。而岳麓区辖区内云集了众多高校,青年学生人口密集,至2017年4月21日,岳麓区已发现有106名青年学生感染艾滋病。

艾滋病与象牙塔两个看似毫无瓜葛的词,如今却被一串串急剧攀升的数字紧紧地捆绑在一起。大学生正成为受艾滋病影响的重点人群。近几年,学生"染艾"人数迅速增加……

先来看一组让人细思极恐的数字:

- 南昌:2016年9月,南昌市疾控中心公布数据显示,至2016年8月底,南昌全市已有37所高校报告艾滋病感染者或病人,共报告存活学生艾滋病感染者和病人135例,死亡7例,近5年来,青年学生艾滋病疫情年增长率为43.16%。
- 北京:2015年1月至10月新增艾滋病病例3000余例,青年学生感染人数上升较快。近两年,北京市大学生感染艾滋病每年新增100多例,以同性性行为传播为主。
- 上海:2015年共报告发现青年学生感染者92例,较去年同期上升31.4%。
- 广州:从2002年开始发现学生感染艾滋病病例,截至2013年底已累计117例,九成都是经同性的性传播感染。

在北上广等大城市高校艾滋病病情上涨的同时,一些中部省份高校学生的情况也不容乐观,比如说湖南大学生艾滋病患者8年竟上升37倍。

正如中国疾控中心性病、艾滋病防治中心主任吴尊友表示:"2011年到2015年,我国15~24岁大中学生艾滋病病毒感染者净年均增长率达35%(扣除检测增加的因素),且65%的学生感染发生在18~22岁的大学期间。可谓是触目惊心,如此发展下去,后果不可想象。"

【案例思考】

高校本为学习的乐土、创新的乐园,为何成为艾滋病重灾区?艾滋病又是如何入侵"象牙塔"的?

【案例点评】

艾滋病(acquired immune deficiency syndrome,简称AIDS),是获得性免疫缺陷综合征的简称,是由人类免疫缺陷病毒(human immunodeficiency virus,简称HIV)引起的人类免疫功能缺陷,导致一系列条件致病微生物感染和肿瘤发生的致命性综合征。它的传染源主要是艾滋病病人及病毒携带者。艾滋病毒存在于人体血液、精液、阴道分泌物、唾液、眼泪、骨髓液、尿、母乳等体液中,以及脑、皮肤、淋巴结、骨髓等组织中。传播途径为性接触传播、血液传播、母婴传播等。艾滋病高危人群如下。

(1)多性伴人群,如嫖娼卖淫人员、同性恋者。
(2)经常使用或接触血液者,如血友病人、受血者。
(3)静脉注射吸毒者。
(4)性病病人。
(5)艾滋病毒感染者的配偶、子女。
(6)艾滋病人的密切接触者,如医务人员。

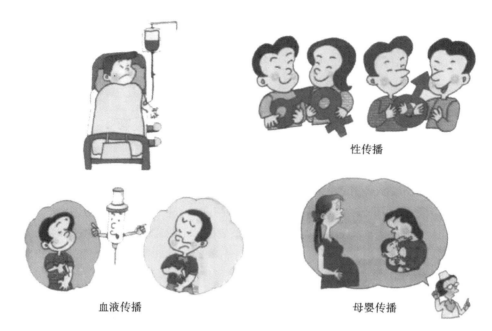

艾滋病预防措施有以下几点。

(1)洁身自爱,遵守性道德是预防艾滋病的根本方法。

(2)进行安全的性行为,每次发生性行为时都要正确使用避孕套。高危行为发生后应及时主动进行相关的咨询与检测。尽可能降低艾滋病病毒对自身机体损害的机会,同时避免传播他人。

(3)及时、规范地治疗性病可大大降低感染 HIV 的可能。

(4)避免不必要的输血和注射,进行穿破皮肤的行为时保证用具经过严格的消毒。

(5)戒断毒品,不与他人共用注射器注射毒品。不与他人共用剃须刀和牙具。

(6)避免母婴传播。

(7)消除对艾滋病不必要的恐慌,正确对待艾滋病人和病毒感染者。

二 以 体 育 德

【案例呈现】

中国女排:一种精神,两次传承,三代传奇

中国女排作为一支传奇之师,历来是国人的骄傲和精神动力。从老帅袁伟民执教的五连冠老女排开始,到陈忠和执掌的黄金一代,再到郎平目前带领的以朱婷为核心的女排队伍,中国女排已九次登顶世界巅峰,和古巴女排一起,成为世界上目前仅有的两支9次夺冠的球队。虽然古巴女排如今已经没落,但是她们曾经连续称霸排坛多年,取得 8 连冠的辉煌战绩。

女排精神不是空中楼阁,不是凭空产生,是从中国女排组建伊始不断拼搏、在实践中凝聚而成的。中国女排在国际赛场上有过辉煌的成就,也有过目不忍睹的惨败,但比这些结果更令人印象深刻的是女排扎实苦练、无所畏惧、团结协作、顽强拼搏、自强不息的过程本身。不抛弃

不放弃，明知前路山有虎，偏向虎山行的勇气和毅力。就像郎平指导所说的"女排精神不是赢得冠军，而是有时候知道不会赢，也竭尽全力。是你一路虽走得摇摇晃晃，但站起来抖抖身上的尘土，依旧眼中坚定。"为此，国务院以及国家体委、共青团中央、全国青联、全国学联和全国妇联号召全国人民向女排学习。因而，女排精神广为传颂，家喻户晓，各行各业的人们在女排精神的激励下，为中华民族的腾飞顽强拼搏。

【案例思考】

女排精神的内核是什么？体育与德育如何实现统一？

【案例点评】

"体育"顾名思义，即为身体教育，女排姑娘在20世纪80年代用气壮山河的五连冠，开创了中国"三大球"翻身的新篇章。女排精神是在体育运动竞技中升华出的思想、情感、个性行为和意志，表现为爱国主义、勤学苦练、无所畏惧、顽强拼搏、同甘共苦、团结战斗、刻苦钻研、勇攀高峰的精神，为刚刚向世界敞开胸膛的中国，带来了极大的民族自信，激励鼓舞着一代又一代中国人。

当前，国家大力倡导全面发展的教学理念，这就要求体育教学不仅仅关注学生的身体健康发展、激发其体育热情，更要关注学生的品德素质发展。品德教育即德育，注重塑造学生的人格，促进其个人发展。在高校体育教育中渗透德育教学的内容（包括培养道德情感、意志品质等）将实现学生的体、德共同发展。

学校作为体育活动的直接管理者应组织有效的、有目的的体育教育活动，老师作为大学生体育活动的领路人应贯彻落实有计划的体育教学活动。当前，体育教学任务应提高对品质教育的重视，全面贯彻教人育人的理念，不断完善德育渗透的方法与途径，提高教师的专业技能的同时注重培养其德育教学能力。大学体育教学与德育的结合是一个循序渐进、不断完善的过程，教育工作者应审时度势，注重提高大学生的德育、体育水平，为社会培养更全面的高尚人格型人才。

三 德体融合

【案例呈现】

走进许海峰的精彩人生　价值百万金牌慷慨捐献

中国曾经在 20 世纪 30 年代派出运动员参加过奥运会,在 1948 年举行的第 14 届伦敦奥运会上,当时的中国也派出了一支队伍,这支队伍虽然在比赛中没有给世人留下多少印象,但他们的艰难历程在中国体育史上却留下了一段令人尴尬的记忆……

新中国成立后曾在 1952 年参加了赫尔辛基奥运会,仍没能取得金牌。对于 30 年前的中国人来说,一枚奥运金牌的意义早已超出了体育的范畴,如果能在象征着最高水平的奥运会上夺冠,一直跟随着中国人的"屠弱"的帽子似乎也可以一举摘除。

1984 年 7 月 29 日,当男子手枪 60 发慢射的最后一枪打完时,报靶员报出了许海峰 569 环的成绩。这个成绩应该可以获得冠军,但是许海峰并没有露出笑容,因为他知道最终的成绩确认还需要一些程序。直到裁判长示意成绩有效时,许海峰的脸上才浮现出了迟到的笑容。奥运会举办了将近九十年之后,中国终于有了第一枚属于自己的金牌。许海峰仅以一环优势夺得了中国奥运历史上的第一枚金牌,实现了零的突破,成为当年"体育精神正提振民族精神"的标志性事件……

很少有人知道,洛杉矶奥运会后,许海峰的那枚珍贵的奥运金牌仅在他身边停留了几个月,他就把这块金牌捐给了中国革命博物馆。谈到第一枚奥运金牌的荣耀,许海峰说道:

"体育在每个时期有每个时期的作用,因为在我们国家经济比较落后的时候,刚刚开始改革开放,要振奋人心的事非常多,需要民族的凝聚力的时机非常多,所以通过许许多多的方式,能够使民心,包括民族凝聚力,包括国家的荣誉感,转化成为国争光的举动。各个行业都要尽自己的努力,为国家做出贡献。"很多人说他真傻,这个金牌能值好几百万,怎么给捐出去了呢?他认为,这金牌必须得捐出去,第一名是国家培养的,并且一个运动员在训练的时候并不是一个人,所以这个金牌是国家的,不是个人的。中国奥运第一金,衍生出的意义是国家赋予的荣誉,承载着一个民族的自信和重托,它的光环照亮整个集体,它由许海峰摘得,也属于整个集体。

【案例思考】

如何实现体育与德育的融合发展?

【案例点评】

通过上述案例可知,体育是基础,智育是核心,德育是灵魂。体育可以不断健全人的体魄,增强体力和能力,还可以锻炼人的意志、毅力、开发人的大脑功能、增强人的智力发展。体育与德育相辅相成、相互促进,体育为德育的发展提供强健的体魄,德育则为体育增加人格魅力。大学教育切不可将两者分割,相互结合才能充分实现品德教育与体育教育的作用。

体育和德育它们之间是相互联系、相互制约、相互促进的。体育是解决"健"的问题,要培养大学生有一副健壮的身体,使之生气勃勃、充满活力,为承担各种艰巨的学习和工作任务准备好身体条件。德育是解决"红"的问题,目的在于培养有理想、有道德、有纪律的人才,使之树立马克思主义的世界观,确立全心全意为人民服务这一正确方向指引。在整个教育过程中体育与德育很难完全分开,故应德体融合,寓德于体,以体育德。

综上所述,高校应全面贯彻党的教育方针,服务立德树人的根本任务,明确体育与德育是我们培养全面发展的人才不可缺少的部分。在高校的体育教学中,将德育融入体育教学工作,对于学生的全面成长及发展有着较为积极的促进作用,有助于帮助学生养成终身体育锻炼的思想,帮助学生养成不怕困难、不怕吃苦的坚毅品格。

第二节 心理育人

心理健康教育是提高大学生心理素质、促进其身心健康和谐发展的教育,是高校人才培养体系的重要组成部分,也是高校思想政治工作的重要内容。要培养学生自尊自信、理性平和、积极向上的健康心态,促进学生心理健康素质与思想道德素质、科学文化素质协调发展。心理健康教育工作作为高校思想政治工作测评和文明校园创建的重要内容,各高校要将心理健康教育纳入学校改革发展整体规划,纳入人才培养体系、思想政治工作体系和督导评估指标体系。

一 感恩教育

感恩教育是教育者运用一定的教育方法与手段、通过一定的感恩教育内容对受教育者实施的识恩、知恩、感恩、报恩和施恩的人文教育学。

【案例呈现】

一位心酸母亲的来信

亲爱的儿子：

尽管你伤透了我的心，但你终究是我的儿子。虽然，自从你考上大学之后，心里已分不清咱俩谁是谁的儿子了。从扛着行李陪你去大学报到，到为你挂蚊帐整理棉被买饭菜票甚至教你挤牙膏，这一切，在你看来是天经地义的，你甚至感觉你这个不争气的母亲给你这位争气的大学生儿子服务，是一件特别荣耀的事情……这三年里面你很少给家里打电话，有时长达三个月之久，仅有几次打电话就是询问生活费为何没有如期到账。我在情急之下给你打电话，你总是不耐烦地说："没事别总打电话，我在这边不用你操心……"听过几次这样的话，你的冷漠让我伤心，我的心都碎了。于是我与周围的同事探讨，得出结论：现在孩子的通病，都是对父母缺乏一颗感恩的心，孩子认为，父母为他所做的一切都是应该的。于是，我百思不得其解，现在的大学生怎么了？如果一个连父母的爱都不知道回报的人，将来走向社会能成为一个有责任感的人吗？在当前全社会提倡加强大学生思想道德建设教育的今天，有些大学生身上反映出的问题不可忽视。无奈之下，我经过几番的思考，含着热泪决定写这封信。

你是否在这类学生之列？

而如今，一些以自我为中心的学生，在家里，吃饭时最好的菜他一人独享；电视遥控器他一人主宰；同学聚会，要设法把父母打发出去，或时不时给父母脸色等，不知感恩父母。在课堂上，不专心学习，对老师的批评教育置若罔闻，不知感恩老师。享用着大自然赐给我们的一切，不知感激和保护它，反而随意破坏它……这些人常常是"要求"多于"感恩"，只顾自己的利益，将父母、亲人、师长、朋友、同学的帮助视为理所当然、天经地义。

【案例思考】

如何看待贫困大学生受助不感恩？

【案例点评】

学会感恩，也就是学会了懂得尊重他人、学会了付出、学会以平等的眼光看待每一个生命、学会了把快乐带给每一个与你擦肩而过的人、学会珍惜你的幸福、学会感谢你身边的一切，因为珍惜才会拥有，感恩才能天长地久……让感恩成为一种习惯，一种"从善如流"的德行，形成一种"涟漪效应"：一朵云推动一朵云，一棵树摇动另外一棵树，一个心灵撼动另外一个灵魂。只有这样，善意才会得到传递，善行才会得到延续，美好的生活也才可以期待。一个人出生在什么样的家庭是无法选择的，但是贫困的家境是可以通过社会互助而得到改善的，贫寒的门楣也是可以通过个人的努力而改变。贫困不可怕，可怕的是缺乏改变的劲头，是面对帮助的理所当然。希望已获得助学金的同学们能用好这笔善款，长怀感恩之心，使自己的意志品质更加坚强，心态更加健康，更好更快地成长为国家需要的栋梁之材。

二 团队协作

团队，首先是个集体，它是一个特殊的群体，是为实现共同目标而自觉合作、积极努力的一个凝聚力很强的社会群体。如果团队凝聚力强、合作程度高、成员贡献意识强，团队工作效率比一般群体高,那么在团队中人们的心情也会比较愉快。

团队精神是一种内在素质,是奋斗精神、协作精神、奉献精神的有机统一,体现在团队成员的理想、价值观、道德标准、工作态度、组织纪律、作风及工作实践的各个方面。其外在表现为:团队成员对团队个体的统一性和不可或缺性有正确的思想认识,有以团队利益和目标为重、不断完善和发展自我的自觉追求,能自愿主动地与团队成员积极协作,为实现团队理想、目标而共同奋斗。

【案例呈现】

取乒乓球的故事

一名专家给一群学生出了一道智力测试题:在一个罐头瓶里,放进六个乒乓球,每个球用细绳系着,要求在最短的时间里,将球全部从瓶里取出。几个小组的同学,各人都想在第一时间里把球从瓶里取出,结果在球瓶口形成堵塞,谁的球也出不去。只有一个小组成功做到了,他们采用的办法是六个人形成一种配合,依次使自己的乒乓球从瓶口出来。这道测试题考查的就是团队有无相互协作的精神,就是我们常说的团队精神。

【案例思考】

一个团队要完成一个共同的任务最重要的是什么?

【案例点评】

成功小组的成员如果都没有团队意识,没有配合相互协作精神,任何事情都是无法成功的,因为在团队中不是你孤身一人。团队精神包含三方面内容:第一,团队成员应具有团队荣誉感,在处理个人利益与团队利益的关系时,团队成员采取团队利益优先的原则,个人服从团队。团队与其成员结成牢固的命运共同体,共存共荣。第二,团队成员彼此间利益共享,相互宽容,彼此信任。在工作上互相协作,在生活上彼此关怀。团队成员和谐相处,凝聚力强,追求团队的整体绩效。第三,团队能充分调动成员的积极性、主动性、创造性,让成员参与管理、决策。团队成员在处理团队事务时尽职尽责,充满活力,洋溢热情。

大学生培养团队精神,增强集体荣誉感应该要注意以下几个方面。

1. 欣赏,学会欣赏,懂得欣赏

团队的效率在于每个成员配合的默契,而这种默契来自团队成员的互相欣赏和熟悉——欣赏长处、熟悉短处,最主要的是扬长避短。

2. 尊重,无论新人或老人

尊重没有高低之分、地位之差和资历之别,平等待人,有礼有节,既尊重他人,又尽量保持自我个性,这是团队合作能力之一——尊重的最高境界。尊重能为一个团队营造出和谐融洽的气氛,使团队资源形成最大程度的共享。

3. 宽容,让心胸更宽广

雨果曾经说过:"世界上最宽广的是海洋,比海洋更宽广的是天空,而比天空更宽广的则是人的心灵。"宽容是团队合作中最好的润滑剂,它能消除分歧和战争,使团队成员能够互相敬重、彼此包容、和谐相处,从而安心工作,体会到合作的快乐。

4. 信任,成功协作的基石

团队是一个互相协作的群体,它需要团队成员之间建立互相信任的关系。信任是合作的基石,没有信任,就没有合作。信任是一种激励,信任更是一种力量。

5. 创造良好的沟通环境

一个人身在团队之中,良好的沟通是一种必备的能力。作为团队,成员间的沟通能力是保持团队有效沟通和旺盛生命力的必要条件;作为个体,要想在团队中获得成功,沟通是最基本的要求。

6. 负责、自信地面对一切

负责,不仅意味对错误负责,对自己负责,更意味对团队负责、对团队成员负责,并将这种负责精神落实到每个工作的细节之中。

7. 诚信,不容置疑

古人说:人无信则不立。诚信,是做人的基本准则,也是作为一名团队成员所应具备的基本价值理念——它是高于一切的。

8. 热心,帮助身边每块"短木板"

只有一个完全发挥作用的团队,才是一个最具竞争力的团队;而只有身处一个最具竞争力的团队之中,个人的价值才能得到最大程度的体现。

9. 团队利益,至高无上

"皮之不存,毛将焉附",团队精神不反对个性张扬,但个性必须与团队的行动一致,要有整体意识、全局观念,要考虑到整个团队的需要,并不遗余力地为整个团队的目标而共同努力。

10. 超越自我的团队意识

成功的团队提供给我们的是尝试积极开展合作的机会,而我们所要做的是,在其中寻找到生活中真正重要的东西——乐趣,工作的乐趣,合作的乐趣。

一个人生活在社会中,不管你是什么样的生存状态,事实上你已经生活在一个团队里了,所以合作是必然的,任何成功的背后都离不开一个团队的共同努力。

三　健　康　心　理

高品质的生活质量和良好的社会适应能力是心理健康的主要特征。由于我们生活的环境在不断变化,因此人们的适应就是一个连续不断的过程。人在社会中生存、发展,就需要有良好的适应能力。心理学家珍妮特认为,人的整个一生是一系列的适应阶段,而每一阶段都会对个人的长期调节产生影响。

【案例呈现】

某高职一新生的自述:我是一位来自某小县城的女生,从小学到高中,我一直是班干部,学习用功,成绩优秀,受到老师和同学的喜爱,自信而骄傲。可是由于高考失利,我连一般本科都没考上,最后只好来到了高职。来到这里我才发现虽然是高职院校,但也人才济济,自己好像什么都不会,不会唱歌,不会打球,而且表达能力也很差,我只是一个毫不起眼的小角色,我努力过,可是并没有多大的收获,内心感到非常失落和压抑,我好想家,想念中学的同学和老师……我经常躺在被窝里偷偷地掉眼泪,我对自己失望极了,越来越自卑,开始封闭自己,独来独往,离同学和老师越来越远……我再也找不到曾经快乐而自信的我了。

【案例思考】

大学生朋友,你有过这样的心理体验吗?如果你遇到这样的矛盾与困惑,又如何面对呢?

【案例点评】

适应是一个人通过不断调整自身,使其个人需要能够在环境中得到满足的过程,适应也是自我与环境和谐统一的一种良好的生存状态。人在环境中生活,总要与环境相适相宜,保持一种相互平衡的状态。这样,人才能使自己生存的需要、安全的需要、归属的需要得到满足,从而实现自我的成功发展。从总体上来说,人与环境的适应通过两种途径来实现:一种是人自身做出改变,另一种是改变环境。通常情况下,人们选择环境、改变环境是有一定限度的。大多数时候,人与环境的适应,要求人自身做出调节,适应既定的环境。例如,一名大学生,他最初的理想大学是某名牌大学,但由于受招生名额和个人高考成绩的限制,没有达到个人理想,进入了一所自己并不太喜欢的大学。在这种情况下,要使环境做出改变是很困难的。个人要在大学期间获得发展,最有效的办法就是调整自己,适应现实环境。

【案例呈现】

欧阳是大一的新生。从未住过校的他特别看不惯宿舍里同学们的生活方式。随处乱扔衣物,熄灯后仍然高谈阔论,诸如此类的行为都让他感到十分的恼火。于是,他独来独往,以减少与同学们的交往,时间一长,他发现室友们都开始结伴而行,似乎忽视了他的存在,他又感到失落和孤独。渐渐地,他觉得室友们总是在他背后窃窃私语,似乎在议论他。他只要待在宿舍里,就感到异常压抑。为此,他除了睡觉时间,其余时间干脆不回宿舍。他开始失眠,食欲下降,身体急剧消瘦,精神状态越来越差,最后竟然病倒了。令他意外的是,在他住院期间,室友们轮流守护在他的病床旁,细心地照顾他,这让他十分感动。于是,他把内心的苦闷告诉了同学们,这才明白原来这一切都是自己"想"出来的。他的室友们只是以为他不愿与他们交往,并不知道由此引发了他内心如此激烈的震荡。

【案例思考】

当遇到人际交往困难时应该如何做?

【案例点评】

心理认知研究发现,那些不知道该怎样进行人际交往,或者人际交往失败的大学生,往往会变得性格孤僻,寡言少语,对人际关系敏感,对人有敌意,有偏执、多疑、自闭倾向,甚至感到无助、绝望。欧阳正是由于没有与室友们进行良好的沟通,才出现了敏感、多疑、孤僻这样的交往失败后的典型表现,而欧阳的室友们以诚相待,以心换心,用真情赢得了欧阳的信任和尊重。

作为一名大学新生,怎样才能尽快地适应大学生活,身心健康地投入大学学习,并成功走向将来的人生发展之路？在此提出以下心理适应策略：

1. 克服依赖心理

首先需要及时了解认识大学这个新环境，正确认识和评价自己对大学的理想化倾向，主动摆正自己和环境之间的关系。其次是要尽快在心理上和行为上改变过去对父母过分依赖的倾向，在校园各项生活中努力实践，体验生活的充实和事业的成功，努力使自己变得自信、自立、自强。最后是要以积极的态度和行动克服生活习惯上的不适应等问题。解决这些问题的方法很多，最重要的是要用心理学的方法进行自我调节，使自己保持情绪的相对稳定，心平气和地与环境中各种相关因素打交道，有了不良情绪及时地加以消除，如此坚持不懈，任何困难都能被战胜。

2. 重新进行角色定位

无论工作、学习、生活，要想有好的结果，必须规划好目标。很多适应困难都与目标确定不当有关。确立目标首先应当根据社会发展和自我发展的需要，为自己制定一个远期目标。还要制定一个为实现远期目标所设立的近期目标，即短期内立即要做的事，这样的事要一件一件地做，以此一步步地接近并最终达到远期目标。目标的制定要依据自己的个性特点、能力以及客观所提供的条件，盲目地追随别人或社会时尚，不但不会获得成功，还会影响心理的平衡。其次，还应该随时根据已经变化了的情况，及时做出调整，以免目标脱离实际而不能实现。只要我们能确立一个合适的目标，就会有行动的方向和动力，就能充满信心和活力，就能如愿地实现自己的目标和理想。这样，你才能真正体会大学生活和学习中的成就感和充实感。

3. 学会与人沟通

作为学生，应学会多渠道主动与老师交流和合作。首先要理解老师的多种角色，有的老师，不仅是老师，而且是领导，还是科研工作者。因此，他们的时间非常宝贵，所以如果你不能主动与大学老师沟通和交流，老师就可能以为你没有这样的需求。当然，与老师的沟通和交流有多种方式，不仅可以面对面地交流，也可以通过网络、电话等来交流。

"家和万事兴，人和处处顺"，和谐融洽的人际交往环境对大学生的学业成功会产生重要的影响。有了良好的人际关系，就有了支持的力量，有了归属感和安全感，心情才能愉快。因此，大学生应主动开放自己，学会交往。

4. 正确调控自我

首先要建立理性的认知方式。正确的认知是人适应与发展的前提和基础。人们对生活的不适应，大部分来源于对现实的不合理认知方式。例如，对自己、对别人以偏概全，对自己行为"糟糕之极"的悲观预期等。因此，大学生要培养自己的思维方式，改变对自我、对他人、对社会的不恰当认知。

其次要适应角色要求。大学新生面临着多方面的变化，因此要了解客观的自己，了解自己的优点和缺点；要了解现在的社会和环境对自己的要求。这样做，就能使他人的"角色期望"与自己的"角色自我"一致，以便有效地控制和改变自己的态度与行为，以达到改善人际关系和提高工作、学习效率的目的，使现实的自己不断向理想的自己靠近。

最后要有效地控制情绪。情绪和情感是否良好，对人的意志、行为和个性心理等起着或积极或消极的作用，同时它还主宰人的健康，影响人际关系，影响学习和工作，决定个人的成功与发展。大学生们面临着社会的巨大变革及环境和角色的改变,相应的情绪情感难免会波动,若不及时疏导、控制和调适,轻者会陷入情绪低落或淡漠之中,重者会产生恐惧、焦虑、烦躁等情绪障碍,进而影响个人的适应与发展。因此,大学生必须使自己保持积极、乐观、稳定的情绪。

5. 积极行动

积极行动可以摆脱由于环境不适应带来的孤独、苦闷、烦躁、恐惧和空虚。作为大学生,积极行动意味着你能积极投入到学习和学校各项活动中去,积极投入到社会的各项实践活动中去,在这些活动中提高自我选择、自我决断、自我管理能力,提高处理各种复杂事务的工作能力,同时也提升自己的自信心,完善自己的人格。

6. 适当选择活动

大学里的课外活动丰富多彩,学校组织的、院系组织的、班上组织的、各种社团组织的活动,令你眼花缭乱,目不暇接,让你难以拒绝。参加各种课外活动,可使学生展现个性、锻炼才能、培养综合素质、促进身心健康。所以,学生多参加各种课外活动是学校倡导的、鼓励的。但学生在选择课外活动时,要多途径了解各种课外活动的性质、特点,并把这些特点与自己的情况结合起来,坚持以我为主,适当选择一些适合自己的活动,使课外活动与专业学习活动互为补充,把课外活动变为自己的精神食粮,而不是心理负担。

7. 积极参加社会实践

大学生只有具备良好的心理适应能力,才能承受并克服困难和挫折,才能从容地应对各种挫折环境,减轻和排除精神压力,有效地防止心理失调,才能在竞争激烈的社会环境中镇定自若、游刃有余。当代大学生很少经受挫折的磨炼,容挫能力较差,只有在校期间积极参加课外社会实践活动、勤工助学活动等,才能够不断在社会实践中丰富阅历、经受磨炼,体会挫折和困难,从而培养良好的意志品质。丰富的课外活动还能够为大学生提供更多与人交流沟通的机会,通过与不同的人交往,能够锻炼大学生的人际适应能力。

第三节 安 全 育 人

我国正处于和平安宁的黄金发展期,但这也是危机频发期。针对高校安全教育缺位,学生危机意识薄弱,危机应对能力不足的特点,高校校园管理的重点是预防危机的发生,坚持防范优于救治的原则,抓好大学生安全教育,构建以政府为主导,以学校教育为中心,社会力量共同参与的多种形式的安全教育模式,从而维护学校的正常教学、科研及生活秩序,促进学生健康心理的形成。

一 交通安全教育

随着社会的进步与快速发展,人们生活水平不断提高,开车出行的人越来越多,截止到2019年6月中国机动车保有量达3.4亿辆,其中汽车2.5亿辆,机动车驾驶人4.2亿,其中汽车驾驶人3.8亿。汽车保有量2.5亿辆约占机动车保有量的73.5%,2019年上半年登记注册1242万辆,和去年同期相比减少139万辆,86个城市超过100万辆。机动车驾驶员4.2亿,26~35岁占34.12%,36~50岁占38.88%,超过60岁占2.9%。机动车确实方便了人们的出行,提高了人们的工作效率,但是随之而来也出现了越来越多的交通事故。据相关数据表明,大部分道路交通事故是由于各种机动车和行人的违章所引起的,而我国摩托车、大型客车、汽车、自行车、电动车和行人等在同一路面上混行的现象还比较普遍。因此,作为当代大学生我们出行时除了自己要遵守交通规则外,还要特别防范那些不遵守交通规则的车和人,避免交通事故的发生,保证我们的生命和财产安全。

【案例呈现】

中新网1月3日(2018年)电,据北京林业大学官方微博消息,2017年12月31日哈尔滨发生1起交通事故,导致北京林业大学9名女生4死5伤,经当地警方调查,交通事故的原因是由于学生乘坐的面包车为躲避前方发生交通事故的一辆轿车,发生侧滑驶入公路右侧沟内。

2017年12月31日7时许,北京林业大学经管学院9名大四女生结伴乘坐面包车从哈尔滨市前往雪乡旅游,在途中不幸发生交通事故,造成4人死亡,5人受伤。

此前通报指出,5名受伤学生仍在当地医院接受救治,其中3名学生伤情已趋于稳定,2名学生正在ICU救治,所有学生家长均已到达哈尔滨市。

【案例思考】

交通安全包括哪些内容?大学生在外出行乘坐交通工具需要注意什么?

【案例点评】

步行安全、骑车安全、乘车安全等,在外出行要遵守交通法。

1. 乘坐公交车应坚持"八不"原则

(1)上车不要争先恐后,乱拥乱挤。

(2)不要把易燃易爆的危险品带入车内。

(3)在没有座位时,不要站在车门边,要抓紧车上的把手。

(4)不要将头或手伸出窗外以免受到伤害。

(5)不要向车窗外乱扔杂物,以免伤及他人。

(6)不要在车未完全停稳时下车,应注意观察下车道路上的来往车辆。

(7)不要从车前、车后突然走出或猛跑横穿马路。

(8)不要与人争执尤其是驾驶员,从而危及自身安全。

2. 乘坐出租车要谨记"三看、三记"原则

(1)"三看"。

一看外观。车辆的车容车貌能够直接体现出驾驶员的素质,车辆外观整洁,可以使大家第一眼就留下较好的印象,爱惜车辆的驾驶员一般都很仔细,在自身修养方面、安全行车方面能够做得比较好,使大家坐车有舒适感和安全感。

二看车内。出租车座套都是统一换洗,至少每周更换一次。如果发现车辆座套脏且乱,大家最好别坐,因为驾驶员连最基本的车辆卫生都不能保持,在服务和运行安全方面将难以得到保障。

三看证卡。所有出租车在副驾驶位置都有一个交通局运管处发放的文明服务卡,上边有司机的照片、出租汽车公司的名称、证件编号以及投诉监督电话。这是出租车经过文明服务培训的标志。如果车内没有服务卡有可能这辆车的驾驶员没有经过主管部门培训,不具备开出

租车的资格;或者是驾驶员文明服务存在问题,怕乘客进行监督投诉。这类车大家乘坐时也要注意。

(2)"三记"。

一要记住车牌号;

二要记住文明服务卡的内容;

三要记得乘车索要车票(车票是找回丢失物品、服务投诉的重要依据)。

3.乘坐长途车(大巴车、火车)要确保人身安全和财产安全

要注意观察前方情况,用手扶握住前排靠椅栏杆,背向后靠,脚在前面有可以抵踩之处时尽可能踩住。这样,既有了抵惯性的用力点,又有了较大的向前冲击的空间,可以大大减轻甚至避免伤害。

乘坐长途车时如何保证自身财产安全呢?应做到以下几点。

(1)在购买车票时,最好提前准备好零钱,以防当场翻找现金,引起扒手的注意。

(2)长途出行时,尽量不要把现金、手机等贵重物品放在裤子后面的口袋里。

(3)上车时,要尽量将包放置在胸前,并用双手护紧。要将行李放在自己的视野范围内,比如放在自己座位的斜上方。

(4)在乘车过程中,遇到不断向身边挤靠的人员,要提高警惕。

(5)放在汽车行李架上的手包或背包,一定要用锁锁好。

(6)晚上乘车时,如果要睡觉休息,最好将行李拴在一起,以免被小偷偷走。

(7)下车前务必认真检查行李,确保所有物品安全。

二 日常安全教育

(一)用电安全

电力是国民经济的重要能源,在现代生活中也不可缺少。要是不懂得安全用电知识就容易造成触电身亡、电气火灾、电器损坏等意外事故,所以"安全用电,性命攸关"。

【案例呈现】

湖南农业大学宿舍起火,疑因学生在宿舍使用小家电引发

2020年12月21日上午,网传湖南农业大学芷兰宿舍起火。潇湘晨报记者从长沙市消防救援支队核实到,上午10点51分,指挥中心接到报警,起火地址位于芙蓉区东湖街道湖南农业大学学生宿舍13栋4楼411号。

随即,东岸站和龙华站出动了6台消防车,40名消防员到场处置。经现场消防人员的初步侦查,起火点位于该宿舍的衣物处。最终,过火面积约2平方米,截至目前火势已经扑灭,未造成人员伤亡。

有知情人士透露,疑似因学生在宿舍使用小家电引发火灾。起火原因还在进一步调查中。

【案例思考】

为什么大学生宿舍起火事件频发?大学生日常用电要注意什么?

【案例点评】

大学生日常用电要遵守学校用电规定,明确日常用电禁忌:
(1)不要选用不合格的电器。
(2)不要用手或铁丝、钉子、别针等金属制品去接触、探试电源插座内部。
(3)不用湿手触摸电器,不用湿布擦拭电器。
(4)宿舍里不要使用或安装大功率的电器。
(5)电器使用完毕后应拔掉电源插头。
(6)发现宿舍的电器设备损坏或失灵,不可擅自修理,要及时报告有关部门派专人修理。
(7)不随意拆卸、安装电源线路、插座、插头等。
(8)晒衣架要与电力线保持安全距离,不要将晒衣竿搁在电线上。
(9)教室内所有电源插座严禁为手机、电池等充电。
(10)要爱护用电设备,不准随便扳动、毁坏电器开关。

(二)防范诈骗

学院关于防范诈骗的一封公开信
——致 2019 级新生及新生家长

亲爱的新同学及家长们:

欢迎你加入湖南工业职业技术学院这个大家庭,在此向家长朋友们表示亲切的问候!

近年来,各种诈骗方式层出不穷,给学生及家庭造成了严重的财产损失和精神伤害。为了切实提高同学们的防范意识,防止诈骗事件的发生,以下给你介绍一些常见的诈骗方式,请认真阅读此信,并告知身边的亲朋好友。

(1)拒绝各类推销人员。特别要警惕以"老乡""学长""老师""学生会""学生社团"等为名义的推销人员,我们学校没有老师参与任何推销,也严禁任何学生在迎新期间开展任何形式的营销活动。各类学生组织的宣传报名也会有统一安排和固定场所。

(2)骗子声称新生同学或老师,谎称孩子突发疾病或遭遇车祸,向家长骗钱。新生报到后要及时告知家长班主任或辅导员的联系方式。家长若接到此类电话,要在第一时间联系班主任或辅导员确认信息真伪。

(3)一些不法分子号称某知名企业或电视台,谎称学生"手机号码中奖",要求先汇邮资、手续费或个人所得税到指定账户。天上不会掉馅饼。收到中奖短信不要轻信,更不要汇钱。

(4)如果收到任何以发放助学金等为名让学生汇款、转账的电话或短信,一定不要相信,千万不要擅自按照对方要求操作和转账,以免上当受骗。无论是单位、学校或者个人提供资助,都不会要求学生到网上或 ATM 机进行双向互动操作。

(5)不法分子在网上发布"兼职刷信誉,不用出门在家也可以获得高额薪资"的虚假广告,诱使学生预付保证金、服务费等,从而实施诈骗。脚踏实地才最重要,切不可有坐享其成的错误思想。

(6)骗子利用网络信息安全漏洞,在网上购物平台非法获取订单信息,冒充客服获取学生银行卡及支付宝等信息,最终将钱款转走。网购需谨慎,钓鱼链接不可点。

(7)近年来,"校园贷"进行"零门槛""无抵押""高额度"虚假宣传,锁定在校大学生为诈骗对象,让不少学生一经借贷便深陷其中,成为"校园害"。教育部明确要求"任何网络贷款机构都不允许向在校大学生发放贷款"。同学们应提高警惕,坚决抵制"校园贷"。

(8)防止他人借用你的身份证等有效证件及复印件办理"校园贷"或有价凭证、分期付款等。身份证不能随意借给他人使用,不能委托他人代为复印。身份证复印件在应用中要注明此件的用途。

(9)一些同学想利用业余时间进行课外兼职减轻家庭负担或锻炼自己,这本是好事情,但同学们对招聘信息一定要仔细甄别,提高防范意识,谨防误入传销陷阱或非法组织。

以上只是常见的校园诈骗现象,除此之外,还有诸如低价购物、"冒称领导"、复制电话卡等诈骗手段。若遇疑似诈骗事件,大家一定要冷静处置,坚持不轻信不明信息、不透露个人信息、不点击不明网址链接、不轻易汇款转账的"四不"原则,并在第一时间拨打学校保卫处值班电话咨询、报案。

我们希望通过这封信,点燃同学们及家长的防范之心,把学习到的安全知识运用到生活中,共同筑起抵御各类诈骗的坚固防线,让校园诈骗无机可乘,让同学们安心学习、愉快生活!

三 活动安全教育

学生的主要精力应该放在学业上。在进行教学实习,或学有余力结合自己所学做些兼职工作时,必须在确保自身安全的前提下进行。

(一)校外社会实践与教学实习安全警示

【案例呈现】

2015年12月25日,方某经技师学院的安排进入机电公司实习。实习期间,机电公司对方某进行了相应的入职培训(含企业文化、奖惩制度、质量基础知识、安全管理制度、设备基础知识等)并进行了入职考试。2016年4月26日0时25分,机电公司调试车间员工丁某与方某一起进行模具制作,丁某操作行车起吊上模,模具上升过程中由于模具晃动撞到了在旁作业的方某,导致方某腿部受伤。方某受伤后,即被送往医院住院治疗,入院诊断为右胫腓骨骨折;方某住院期间由机电公司安排人员进行了护理,经治疗于2016年5月12日出院;出院医嘱注意休息,建休半年,定期复查,不适随诊,骨折愈合后行内固定取出术,加强创口护理,避免感染。

【案例思考】

学生参加校外社会实践和教学实习需要注意什么?

【案例点评】

(1)要严格遵守国家的法律法规和相关规定,不得从事任何违法活动。
(2)要严格遵守社会实践和教学实习单位的各项规章制度,服从管理。
(3)要增强安全防范意识,提高自我保护能力,明辨是非,要拒绝他人的无理要求。
(4)要切实重视人身和财产安全,防火、防盗、防骗、防各类突发事故的发生。同学间应相互关照,如发现异常情况,应尽快报告带队老师。
(5)要特别注意晚间安全,晚寝务必关闭好门窗。
(6)要遵守交通法规,不得无证驾驶,不乘用不合规定的车辆。发现安全隐患及发生特殊情况应及时向带队老师报告,不得拖延。

(7)未经允许,不得擅自离开社会实践地、教学实习单位以及居住地外出活动。如确需外出,要结伴而行,并告知班干部、带队老师及同室其他同学外出方向、联系方式,切记要及时返回。

(8)不得私自到江河湖海、水库、山塘等地游泳,不得到危险地带游玩,不得从事危险性活动。

(9)要自尊、自重、自爱,遵守社会公德和公共场所的有关规定。远离毒品,不打架斗殴,不酗酒闹事,不观看淫秽书刊和音像制品,不浏览色情网页,不得参加传销,不从事迷信活动,不参加非法组织。

(10)在实习期间要注意与家长保持信息畅通,而且要始终保持与带队老师的联系。

(二)兼职安全

【案例呈现】

近日,位于广州市白云区的一农业银行网点工作人员成功协助民警解救一名误入传销的学生。据该网点保安介绍,事发在2018年9月30日下午4时,一年轻男子前来办业务。"当时他到银行智能区说要开卡,神色十分慌张。"保安觉得其行为有些可疑,而且不远处又有两个跟他一起进来的男子一直四处张望,好像在监视他,于是立即将情况告知大堂经理,并上报给网点相关负责人。大堂经理得知情况后,尝试上前与该男子交流,一问之下,才知道其误入传销骗局,失去人身自由。据了解,该男子是一名大专学生,因为想兼职赚外快结果误入传销团伙,当天,传销团伙要求其到银行开卡并发展下线。

【案例思考】

大学生如何避免在兼职中误入传销陷阱?

【案例点评】

1.避开传销陷阱

1)什么是非法传销

传销是指组织者或者经营者发展人员,通过对被发展人员以其直接或者间接发展的人员数量或者销售业绩为依据计算和给付报酬,或者要求被发展人员以交纳一定费用为条件取得加入资格等方式牟取非法利益,扰乱经济秩序,影响社会稳定的行为。

在我国,以上行为被定性为非法传销。其表现形式包括"拉人头"传销、骗取"入门费"传销、团队计酬传销等。

2)非法传销的特点

(1)传销员以介绍他人参加为主要业务,且收入主要来自新成员交纳的入会费。

(2)以交纳高额入会费或以认购商品方式变相交纳高额入会费作为加入条件。

(3)产品无满意或责任保险。

(4)不准退货或退货条件苛刻。

(5)强调高报酬及坐享其成。

(6)传销员应享权利缺乏保障。

(7)赚钱就跑。从经营观念看,它不是长期提供优质产品,满足顾客需求,而是短期内诈取大量财富,赚钱就跑。

3)如何避开传销陷阱

(1)学会辨别传销和直销。

什么是直销?直销通常是指产品和劳务不通过中间商而直接由生产者到达最终使用者的营销方式。主要有推销员直接把产品卖给最终使用者、邮寄销售、工厂经营零售店几种形式。直销员报酬的获得主要来自零售利润。直销员是公司雇员,须与公司签订劳动用工合同,公司要替员工购买"五险一金"。

(2)不做一夜暴富、坐享其成的"美梦"。

(3)亲兄弟,明算账。生意是生意,情谊是情谊。对突然冒出来的"亲情"多份戒备心,真是"亲人"就不会拖延、忽悠,该签的合同就一定会及时签。

(4)审查资质。加入一家公司也好,接受一家公司的推销也好,首先要了解该公司的资质,仔细核实招聘公司的真实性。

2.注意校外兼职安全

(1)不选择资质不明、证照不全中介机构介绍的工作。

(2)不轻信熟悉的人或单位。

(3)不在没落实工作性质、时间、地点、形式、待遇等细节的情况下急于上岗。

(4)不接受收取费用(如押金、服装费、培训费、附加消费要求等)的工作。

(5)不盲目追求高工资、高待遇。

(6)一旦自身合法权益受到威胁或侵害,要设法借故离开,及时报警并及时与学校学生处或保卫部门取得联系。注意保留证据。

证据:招聘单位的详细地址,能证明招聘单位不规范行为的凭证等。

(7)不泄漏个人信息。涉及与个人信息(如父母电话号码、个人身份证号码信息、银行卡号及密码等)有关的话题时,一定要提高警惕,不能轻易告知他人。

(8)不贪小利,不随意接受别人的馈赠。

(9)注意交通安全,保管好贵重物品。

四 自我保护教育

当代大学生特别是女大学生年轻靓丽,有教养、气质好,但往往缺乏社会经验,单纯天真,甚至个别同学还自恃聪明,麻痹大意,缺乏自我保护意识,需要特别注意防范性侵害。

【案例呈现】

(1)据媒体报道:某高校女大学生与男网友遭遇激情约见后,被网友骗至一民宅后遭到蹂躏。在其后的16天里,被网友逼其光着身子锁在屋中,最后经过警方的侦查,才将其解救出来。该男子是一名曾因强奸罪被判刑,至今仍有多起案件在身的逃犯。

(2)2016年10月3日凌晨,湖南交通工程学院一女生(18岁)在接听了一通电话后离开宿舍,彻夜未归,电话也无人接听。当晚21点左右,她的同学到学校所在的呆鹰岭派出所报警。

4日凌晨0时30分,民警在学校附近的某宾馆3楼325房间发现失联女生已遇害。经调查,死者是受到男网友(廖某某,24岁,衡阳县人)的性侵后窒息死亡。

【案例思考】

女大学生如何进行自我保护?

【案例点评】

女大学生要了解校园中主要的性侵害形式,包括暴力式侵害、流氓滋扰式侵害、胁迫式侵害、社交性强奸等,性侵害案件的易发季节为夏季,在校园内女大学生应该做到以下几点。

(1)常检查宿舍门窗,如发现损坏,及时报修。

(2)就寝前,要注意关好门窗,天热也不例外,防止犯罪分子趁女生熟睡时作案。

(3)夜间上厕所时,如走廊、厕所公共照明灯具已坏,应带上手电筒;返回时,应记住关好门。

(4)夜间如有男性敲门问讯,应保持高度警惕。

(5)放寒暑假不回家的女性,应三人以上集中居住。

同时要掌握摆脱异性纠缠的方法:在摆脱异性纠缠时,最忌暧昧、鄙视、言行不一、当断不断。只有坚持尊重、明确、坚决、节制的原则,才有可能既摆脱纠缠又不伤害对方。遇到困难,要依靠组织。如自己向对方做了工作之后,效果不大,仍制止不了对方的纠缠,或发现对方可能报复自己,要及时向老师报告,依靠组织妥善处理,防止发生意外事件。

在校园外还要掌握预防社交性强奸的策略:

(1)不要轻易相信新结识的异性朋友。

(2)控制好感情,不要在交往中表现轻浮。

(3)控制约会的环境。

(4)不要过量饮酒。

(5)不要接受比较贵重的馈赠。

(6)对过分的举动要明确表明自己的反对态度。

如不幸遭遇性侵害怎么办:

(1)保持镇静,临危不惧。镇静既可使自己临阵不乱,又可对罪犯起到震慑作用。

(2)要坚强,要有信心。与犯罪分子软磨硬泡,拖延时间,顽强抵抗。

(3)选择适当机会和方式逃离。

(4)创造机会,乘其不备,实施反抗。利用日常用具如发卡、鞋跟等攻击案犯的要害部位(眼睛、太阳穴、阴部等),使其丧失攻击能力。

(5)记住犯罪分子特征,及时报案。万一受害,要记住案犯特征,尽量在其身上留下反抗的痕迹,及时报案,协助公安机关破案。

五 社会治安教育

校园是青年人集聚的地方,血气方刚的人数绝对数量不小,混进一两个社会闲散人员也不容易被发现,所以校园里偶尔会有打架斗殴和抢劫等不法侵害发生,我们必须引起重视。

（一）社会诈骗

【案例呈现】

甘肃女大学生家中刚脱贫就被电诈 37 万元

"我一直是特别努力想要过好生活的人,但现在遭遇的情况犹如灭顶之灾。"家住甘肃定西市临洮县的王青青(化名)今年考上研究生,家里又刚刚脱贫,没想到遭遇连环电话诈骗被骗走了 37 万元,一家人陷入绝境。这些钱,有自己打工一年攒下的学费 52600 元,有被诈骗分子诱导骗走贷款 22500 元,还有 30 万元全是从叔叔家借来的。事发至今已有 10 天,被骗钱款尚未追回,而王青青家中还有两个妹妹。一个在读大学,一个正准备高考,都等着学费上学。在联系澎湃新闻前,王青青一度产生了轻生的想法。目前,王青青被诈骗一案已经立案侦查。2020 年 6 月 9 日,主办此案的临洮县公安局民警告诉澎湃新闻,案件正在全力侦破中,会尽量追回王青青的损失,但对于案件调查的细节,不方便透露。

【案例思考】

社会上存在的诈骗行为有哪些？大学生如何谨防诈骗？

【案例点评】

诈骗主要包括电信诈骗、短信诈骗、网络诈骗和其他方式诈骗等。其中电信诈骗的种类包括冒充公检法诈骗、医保社保诈骗、解除分期付款诈骗、包裹藏毒诈骗、金融交易诈骗、票务诈骗、虚构车祸诈骗、虚构绑架诈骗、虚构手术诈骗、电话欠费诈骗、电视欠费诈骗、购物退税诈骗、"猜猜我是谁"诈骗、破财消灾诈骗、冒充领导诈骗、快递签收诈骗、提供考题诈骗等；短信诈骗包括中奖诈骗——娱乐节目中奖诈骗、引诱汇款、刷卡消费、高薪招聘、贷款诈骗、复制手机卡诈骗、冒充房东诈骗等；网络诈骗包括钓鱼网站诈骗、低价购物诈骗、QQ 诈骗——冒充亲友诈骗、QQ 诈骗——冒充公司老总诈骗、网购诈骗、订票诈骗、虚构色情服务诈骗；信件诈骗包括中奖诈骗——冒充知名企业诈骗、中奖诈骗——电子邮件中奖诈骗、办理信用卡诈骗、收藏诈骗；其他方式诈骗包括 ATM 机告示诈骗、伪基站诈骗、微信诈骗——伪装身份诈骗、微信诈骗——代购诈骗、微信诈骗——爱心传递诈骗、微信诈骗——点赞诈骗、微信诈骗——利用公众账号诈骗、二维码诈骗等。

防范诈骗要谨记"三不一及时"和"十个凡是"。

1. 三不一及时

一是不轻信。绝对不轻信来历不明的电话和手机短信。不管犯罪分子使用任何花言巧语或恐吓话语,都不要轻易相信,及时挂掉电话,不予回复信息,防止犯罪分子进一步布设圈套实施诈骗。如确有担心可及时向亲友或公安机关咨询。

二是不透露。强化自我心理防线,不因贪图小利而受犯罪分子诱惑。任何情况下,切忌向对方透露自己及家人的身份信息、存款、银行卡、密码等信息。如有疑问,可拨打 110 求助咨询,或向亲戚、朋友、同事核实。

三是不转账。学习了解银行卡常识,保证自我资金安全,绝不向陌生人汇款、转账,尤其是涉及网银业务的,要格外谨慎。特别是一些公司财务人员和常有资金往来的人员,在汇款、转账前,需再三核实转账事由,明确对方银行账户情况。

四是及时报案。确实感觉自己已上当受骗,请第一时间向公安机关报案,也可直接拨打报警电话,并提供骗子的银行账户、联系电话等详细情况,以便公安机关及时开展侦查破案工作。

2. 防骗"十个凡是"

（1）凡是自称公检法要求汇款的。
（2）凡是叫你汇款到"安全账户"的。
（3）凡是通知中奖、领取补贴要你先交钱的。
（4）凡是通知"家属"出事先要汇款的。
（5）凡是在电话中索要个人信息和银行卡信息的。
（6）凡是叫你开通网银接受检查的。
（7）凡是叫你宾馆开房接受调查的。
（8）凡是叫你登录网站查看通缉令的。
（9）凡是自称"领导（老板）"要求汇款的。
（10）凡是陌生网站（链接）要登记银行卡信息的。

（二）打架斗殴

【案例呈现】

2014年12月16日晚,网友"沈pearl"发微博爆料称自己的表妹在厦门兴才职业学院"无缘无故"遭到同学殴打,导致脸上有明显的伤疤,身上也有多处挫伤。网友纷纷转发、评论,表示出对该事件的关注及对校园暴力的思考。

该网友称自己的表妹小绿是一个乖巧善良的姑娘,是厦门兴才职业学院毕业班的学生,平时待人友善,没想到会被宿舍同学殴打至此。

事件发生在16日凌晨,正在熟睡的小绿突然被同宿舍女生小红(化名)用铁椅子打向身体,随后对方又用指甲划伤小绿的脸,导致小绿脸上、身上出现多处伤痕。小绿当时非常疼痛,但是她想忍忍就过去了,当下并没有报警。小绿的表姐称小红的家人也没有好好商讨赔偿的意思,实在气不过就将表妹的遭遇曝光,希望得到网友的关注和学校的公平处理。

【案例思考】

大学生如何预防校园打架斗殴事件的发生?

【案例点评】

打架斗殴是一种典型的故意伤害行为,一旦构成故意伤害罪,将被追究刑事责任。大学生要掌握的预防策略有:

（1）不惹事。不怕事,但是不要惹事;少跟好惹事的人在一起。对人宽容一点反而能赢得尊严。
（2）不意气用事。
（3）小事忍让,大事慎重处理。

小事,学会忍让。退一步海阔天空,给自己一次学习控制情绪、控制局面的机会。

大事,不跟不讲理的人争辩。走正常程序,找能讲理的地方讲理,一定能最大限度保护自己的权益,妥善解决问题。切记冲动是魔鬼。

(4)不跟寻衅滋事的人一般见识。这些人要么是想通过寻衅滋事达到自己不正当的目的;要么是遇到了不顺心的事,想以此泄愤或引起关注。如果你回应了他,你就上当了。

大学生要掌握的应对策略有:

(1)不围观、不好奇。

(2)不火上浇油、幸灾乐祸,尤其不要起哄使事态扩大,否则将被追究责任。

(3)见机行事:事态不严重,好言功解;事态严重,及时报警。

六 意外事故处理

高校是大学生学习与成长的园地,是他们踏入社会前快乐的天堂。但就是这个快乐的天堂,也是大学生们意外伤害的多发地之一,像校园内的铁栅栏、水泥地面、篮球架都可能成为"杀手",它们就像学生们身边的"狼外婆",威胁着他们的身心健康甚至生命。因此,分析意外事件,总结相应的应对措施,是减少意外事件的发生及其造成的损害,维持学校正常教学秩序的重要环节。

(一)溺水

【案例呈现】

学生溺水事故频发,敲响警钟!

2020年6月19日下午,高埗镇华南职业技术学校学生李某豪(男,17岁,河南省太康县人)在东江河畔沙腰码头段下水游泳,同行人员发现他久久没有上岸,随即拨打了110报警。公安、消防及120接报后迅速赶赴现场搜救。

经了解,6月19日17时30分许,溺水者李某豪与4名同学放学后到东江河畔沙腰码头玩,随后5人相继下水游泳,发现李某豪溺水后报警,经搜救,6月21日6时发现其已溺水身亡。

近期,溺水事故高发广东、广西、重庆等地先后发生多起溺水事件令人心痛。

桂林全州3名小孩在水库溺亡

2020年5月3日13时01分,桂林全州县龙水镇大仙村委大仙水库附近3名小孩(2男1女)自行下水洗澡,溺水死亡。3名小孩系堂兄妹关系,最小的才5岁。

33岁湖南小伙为救落水男子,不幸溺亡东江

2020年5月23日凌晨2时许,东江惠州市博罗县龙溪段,33岁的湖南籍男子唐胜平,为救一名落水的网鱼男子溺水身亡。

2名中国留学生下湖游泳溺亡,年仅23岁

2020年美国东部时间6月5日,4名中国留学生去往肯塔基州詹姆斯敦市的坎伯兰湖旅游,两名男生下湖游泳失踪,不幸溺亡。两人来自中国,是俄亥俄州迈阿密大学的学生,均为23岁。

惠州叔侄结伴到野外溪流游泳,侄子溺亡

2020年6月18日,惠州沥林一条野外溪流发生溺亡事件,叔侄俩结伴来到沥林一条野外溪流游泳降暑,既没戴游泳圈也没有采取其他安全措施,游泳过程中17岁男子吴某沉下水底,发生意外。

重庆1名小学生落水,7人施救,8人均不幸溺亡

2020年6月21日,重庆市潼南区米心镇小学学生在河滩处玩耍,一名学生不慎失足落水,旁边7名学生前去施救时一并落水。8名落水青少年被打捞出水时,均已无生命体征。

【案例思考】

大学生如何避免出现溺水事故?出现溺水事故,大学生该如何做?

【案例点评】

大学生游泳应该选择正规的游泳池,不能私自或结伴去野外水域玩耍,不要在河塘边嬉戏打闹、垂钓鱼虾或打捞物品;在户外要主动远离湿滑的岸边;游泳前要做好热身运动,不要贸然下水,不能跳水;游泳时不能互相打闹,如有打闹,立即上岸;若身体状况不佳,不能游泳;若水性不佳,不能去深水区游泳。一旦发生溺水事故,救出溺水者后,应立即采取以下措施施救:

(1)恢复呼吸道通畅。将溺水者救出水面后,应立即清除其口、鼻腔内的泥水及污物,用纱布或其他纺织物裹着手指将伤员舌头拉出口外,解开其衣扣、领口,以保持呼吸道通畅。

(2)迅速倒水。抱起伤员的腰腹部,使其背朝上、头朝下,手压背部使肺内积水从口鼻排出;或者抱起伤员双腿,将其腹部放在急救者肩上,快步奔跑使积水倒出;或急救者取半跪位,将伤员的腹部放在急救者腿上,使其头部下垂,并用手平压背部进行控水。

注意:不要因过分强调倒水而耽误心肺复苏。

(3)对呼吸停止者应立即进行人工呼吸。经短期抢救心跳呼吸不恢复者,不可轻易放弃,至少应持续45分钟以上。

(4)呼吸心跳恢复后,应迅速送医院进一步观察治疗。

(5)注意给溺水者保暖,如果溺水者清醒了,可让其饮用一些热的饮料。

(二)电梯困人

【案例呈现】

2014年9月14日17:50左右,华侨大学校保卫处接到报警,称有一学生被卡在综合教学楼C4电梯里。接报后,保卫处立即报告110、119、120,同时紧急赶往现场处置。2014年9月14日18:00左右,救援人员到场,经过长达30分钟才打开电梯后,发现该生被夹卡在电梯轿厢里,已窒息死亡。

【案例思考】

如发生电梯被困事件,如何进行自救?

【案例点评】

被困电梯时可采取以下四种方法自救。

方法一:按下电梯内部的紧急呼叫按钮,等待救援。如果报警没有引起值班人员注意,或者呼叫按钮失灵,可以用手机拨打报警电话求援。

方法二：保持镇静，大声呼救。如果适逢停电，或者手机在电梯内没有信号，电梯内都安装有安全防坠装置，使电梯不至于掉下去。这时需保持镇静，然后大声向外面呼喊，以期引起过往行人的注意。

方法三：间歇性地拍打电梯门，或用坚硬的鞋底敲打电梯门，等待救援人员的到来。切忌强行扒开电梯门。

方法四：万一遇到电梯急速坠落，请将背部紧靠电梯，然后膝盖弯曲，脚往外站，这样能最大限度缓冲冲击力。

第四章 美育育人

中华美育精神是涵养社会主义核心价值观的重要源泉,是我们在世界文化激荡中站稳脚跟的根基。习近平总书记明确指出,要努力构建德智体美劳全面培养的教育体系,形成更高水平的人才培养体系,强调全面加强和改进学校美育,坚持以美育人、以文化人。只有这样的教育,才有可能培养出时代所需要的巨人。美育以情动人,通过春风化雨、润物无声的方式化育人心,与德育、智育、体育相辅相成、相互促进,是主要的教育手段。没有美育的教育是不完整的教育,必须发扬中华传统美育精神,建设新时代美育精神,为中国特色社会主义培养德智体美劳全面发展的建设者和接班人。

第一节 工业之美

【案例呈现】

一年四季,三一集团的产业园发酵着一种刚柔并济的工业之美,它可以说完全颠覆了中国传统制造企业形象,一个生机盎然、美轮美奂的中国现代装备制造企业呈现在你眼前。在这里,你不仅可以发现工业之美,还能感悟人文之美……

让我们一起来对三一在全球的产业园进行一次工业之旅,感受中国工业的美与震撼。工业在人们心中的印象往往是耸立的烟囱、一排排厂房、嘈杂的机器声和汗流浃背工作的工人。

而这次我们将带您领略不一样的风景,这里既能感受磅礴大气的建筑空间之美;也能感受到鸟语花香、水榭亭台之美;这里还能体会出人文关爱之美。这样的美景与制造业的厂房交相辉映、刚柔并济,并给车间里辛勤工作的人员带来一缕淡淡的、吹入心头的清风。

长沙产业基地:地处中部长沙的三一工业城辐射宁乡、益阳、常德娄底和邵阳多个产业园。在这里你可以领略泵王产地的气势。

珠海产业基地:产品涵盖港口机械、工程船舶、海岸工程装备三大业务板块,年产值 300 亿,三一海洋重工承载着三一人的海洋之梦。

长三角产业基地:基地包括昆山、临港、川沙、湖州、如东和常熟,主要从事挖掘机械和履带起重机械以及配套件的制造。如昆山基地不仅有全球美丽的花园般数字工厂,更有世界上最先进的挖掘机生产线,平均十分钟生产一台挖掘机。

北京产业基地:2012 年,三一在首都北京回龙观、南口布局了两个产业园,主要生产桩工机械、风电、光伏产品。

沈阳产业基地:三一重装国际控股有限公司在沈阳经济技术开发区内拥有占地 22 万平方米的综掘工业园和占地 63 万平方米的综采工业园。主要从事研发、生产大型煤炭机械综合成套设备制造,致力于用高新技术改造落后、传统的煤炭机械,并促使其迅速升级换代至世界一流水准。

新疆产业基地:西北荒芜的戈壁滩、干燥的气候也不妨碍三一在此设立产业园,位于新疆的三一西北重工,覆盖新疆市场,形成面向西北、辐射中亚的总体布局。新疆产业基地主要生产混凝土机械、汽车起重机、挖掘机和筑路机械。

三一美国:2012 年"三一诉奥巴马案"一度成为热门新闻,故事的尾声是在 2015 年 11 月,"三一诉奥巴马案"达成全面和解,三一取得了实质性的胜利。三一重工美国产业园主要生产履带式起重机、越野轮胎式起重机、挖掘机、正面吊和堆高机,产品全面销往美国、加拿大、墨西哥等地区。

三一德国:挺进欧洲腹地,是三一重工国际化的关键一步,三一重工德国产业园位于北威州贝德堡市。三一德国以"尊重、包容"的原则,吸纳了来自普茨迈斯特、施威因、道依茨等优秀企业高端人才的加盟,本地化率达到 85%,实现了团队、产品、产业园和市场从"0"到"1"的转变。

三一印度:印度普纳产业园是三一在海外建立的第一个生产基地,也是中国工程机械行业到海外建厂的第一例,印度普纳工业区面积约 34 万平方米,目前三一印度生产和组装的产品有履带起重机、泵车、拖泵、搅拌车、搅拌站、挖机、反铲挖掘机等,主要市场和潜在目标市场为印度、南亚、东南亚和中东。

三一巴西:三一巴西成立于 2007 年,致力并服务于本地市场客户。2010 年三一集团宣布投资建设巴西工厂及配件仓库。一年后三一在圣保罗州圣何塞市的第一家工厂完成挖机和起重机产品 CKD 本地化组装,工厂占地面积 30000 平方米。三一巴西的本地员工占 75%,市场辐射整个拉丁美洲。

【案例思考】

中国是制造业大国,但是距离制造业强国仍然有一段距离,在工业 4.0、物联网、机器人、大数据、云数据、无人工厂、绿色工厂、绿色供应链这些新时代新技术发展的支撑下,中国制造业正在逐步适应着悄然而至的产业升级变化及数字化转型。不久的将来,5G 通信是基础,大带宽、低延迟网络是物联网、AI技术再上一层楼的催化剂,你能设想未来中国工业之美吗?

【案例点评】

工业之美从宏观层面、产业角度、智能时代等方面得以显现,在这个效率不断提升的智能时代,工业之美不仅仅是字面意思,还包括产业之美、心灵之美、和谐之美。对个体来说,爱美之心人皆有之,如果意识到审美能力的重要性,意味着未来将有一个丰沛的人生。对企业来说,意味着企业拥有一个不断提升的差异化竞争力。当代中国制造业的升级不仅仅是传统效率的提升,更意味着竞争之外更多趣味和审美能力的提升,因为当代中国人民对美好生活的向往,不但包含物质层面的满足,还有文化心灵的富足。中华民族伟大复兴,不仅意味着物质财富要极大丰富,精神财富也必须极大丰富。当今这个时代人民是需要好的产品、好的服务、好的食物、好的空气、好的水、好的一切。因此,以美育人、以文化人,工业之美内化于中国特色社会主义伟大事业,同步于今天各项事业的发展。

创新的驱动力,源于现实生活、现实问题。如高科技企业"无人机之王"大疆公司的农业愿景,是帮助中国农业改变暂时落后的现状,实现弯道超车。创新驱动中国智造是未来中国制造业需要不断探索的长远话题,更是每个企业的使命与责任。同时在特定行业的应用型创新,不仅需要底层技术积累,也需要快速了解行业具体问题的感知力。不久的将来,5G通信是基础,大带宽、低延迟网络是物联网、AI技术再上一层楼的催化剂,互联网+的中国工业必将是绚丽多彩的。

一 学 科 之 美

【案例呈现】

他,被称为中国的"大地之星",新中国的测绘领域他是拓荒者,曾主持测绘了全国和省市大地水准面精化工程,从事大地测量近60余年。

他还有个特殊的身份:老师,他把这个工作做到了极致,甚至可以说是全国开设测绘专业

的100多所学校的"一代宗师"。在这些高校,如果有测绘专业新生不知道他的名字,那么就会有人告诉他们:"你们的老师、你们老师的老师,一定是他的学生。"

他80大寿时,全国百所高校,上千人去给他祝寿,这些人大都是大学校长、测绘局局长、测绘院院长……行业里流传这样一句话,"如果一个学校的学生,连他是谁都不知道,这个学校是没有资格开设测绘工程专业的。"这是真正的桃李满天下。

2020年3月15日,他悄悄走了,留下遗嘱不准举办葬礼。他一直没有住进学校新建的院士楼,就在普通的旧居民楼里,走完了自己这一生,他的早饭,大部分时间就是一桶方便面……

满腹经纶,国之栋梁。一生相许,矢志不渝!他的名字,叫宁津生。

【案例呈现】

2006年,刘慈欣开始创作《三体》,这是他的集大成之作,也是目前为止中国科幻小说的最高峰。《三体》一共三部,由《三体》《三体Ⅱ·黑暗森林》《三体Ⅲ·死神永生》组成,分别于2006年、2008年和2011年出版,2014年被翻译成英文出版,在亚马逊上好评如潮。2015年刘慈欣凭借《三体》第一部获世界科幻大会的雨果奖,在亚洲实属首次,这也标志着中国跻身了世界科幻强国之列。

复旦大学文学系教授严锋评价:"在读过《三体》后,我毫不怀疑,这个人单枪匹马,把中国科幻文学提升到了世界级的水平。"

【案例呈现】

2018年12月21日,中国著名作曲家、指挥家谭盾被任命为美国巴德音乐学院院长,任期将于2019年7月1日开始,任期3年。这位从湖南走出来的少年,走过长沙的田间地头,走过北京的风霜雨雪,走过纽约的万花筒,最终留下的是对中国文化的不舍追寻。

所有伟大的作曲家都必须诚实地面对自己的文化,而谭盾的根基在中国文化,他把湖南那片土地的乡音融合到全球性音乐的语言中去。在谭盾的音乐语言里,打底的是湖南花鼓戏的幽默、川剧的鬼气、京剧的戏剧性、楚文化的诗意,还有他烂熟于心的中国民歌。他曾说:"我一直都很骄傲,在国外演出都说自己是湖南的儿子。"如今,他虽然忙碌于世界各地,却将心中的那一份宁静与闲暇留给家乡。成名之后,他依然多次携手音乐人返乡表演,用音乐盛宴与家乡人民对话,讲述多年来的音乐之旅与对家乡的深情。

从某种意义上来说,谭盾从来没有离开过湖南。在他的音乐里,湖南是他最深的根、最真的魂。在他的第一部交响曲作品《离骚》中,他在西洋音乐里加入中国民族乐曲,用鼓和箫讲述屈原"路漫漫其修远兮,吾将上下而求索"的感悟。在享誉国际的作品《九歌》中,他用九个乐章演绎了湖南的巫术文化、萨满文化,对楚祭祀仪式进行音乐化重现。在微电影交响诗《女书》中,他收集了约两百个小时的原声生态影像,制作成13部微电影,用现实、梦想和音乐三个层面来形象展示湖南江永的"女书"文化。

【案例呈现】

徐悲鸿,是20世纪我国著名的书画家、美术教育家,也是近代提倡"艺术革命"的先驱者,是艺术和艺术教育的改革家。所以,他的一些艺术主张和艺术教育的理念,影响了后来的几代人。

【案例思考】

如何理解美育是人类对抗异化的一种自我建设战略？如何做到以美启真、扬善、怡情的育人目标？

【案例点评】

美是人类精神追求的永恒主题。学科之美指将学科的教学因素（诸如内容、方法、手段、评价、环境等）转化为审美对象，使整个教学成为内在逻辑美和外在形式美高度和谐统一、静态和动态和谐统一的整体，从而大幅度提高教学效率，减轻学生负担，使师生都充分获得身心愉悦的一种教学思想、理论和操作模式。新时代中国将从美化现实走向美化人生，审美教育正是把人从片面低级的欲求中解脱出来，促进人心理素质的全方位优化的有效方法。运用多种方法手段，启迪学生感悟、欣赏美。在渗透美育教学过程中，教师是立美主体，学生是审美主体，学科教学内容是审美客体。教师要运用多种方法手段，在审美主体与客体之间铺路搭桥，让学生流连忘返于学科教学内容所展现的美的世界中。因此在高校各学科渗透美育是新世纪素质教育的需要，我们必须竭尽全力去完成这一光荣而又艰巨的任务。马克思从人的社会物质实践中看到了美的根源，提出劳动创造美，社会的和谐统一靠每个个体的实践创造，而个体美好的感性召唤归根到底要靠美育。

一是立足本学科，开掘、提炼和展示学科之美。首先立足本学科，准确把握教材特征，开掘和展示教材美，才能如鲁迅所说"意美以感心""音美以感耳""形美以感目"。各学科无不包含美的因素，即使是以抽象思维训练为主的理科，也蕴含美的矿藏亟待教师去开掘。由于从瞬息万变、千奇百怪的自然界抽象出规律、定理、公式是理科的共同特点，因此简练、精确、平衡、和谐以及多样统一是理科尤其是自然科学的共性美。著名哲学家罗素说："数学，如果正确看它，不但拥有真理，而且也具有至高的美。"在数学课堂设计中要创设优美和谐的教学情境，引导学生用美的观点去感悟、理解和变通数学知识，让学生在审美的愉悦中激发兴趣、丰富想象、启迪心智、陶冶情操，提高审美能力和创造能力。教师要引导学生充分认识美与合乎规律的"真"相辅相成以及美蕴涵在"真"之中的道理。

二是融汇多学科知识，深刻体验、欣赏学科之美。孔子说："兴于诗，立于礼，成于乐"。这说的是诗、礼和乐三教要协同培养人的道德情操，其实也是说要融汇多科知识培养人的审美情趣。其方法大致有两大类：一是以艺术为媒介，调动学生五官通感教材美；或形象说理激发学生审美情感。审美教育以美的形象为主要手段进行教育，理论分析和形象概括只起局部作用。离开了美的形象就很难全面实现审美教育目的。而理科美主要是理性美、智慧美和内涵美。因此教师可以有感情地讲述科学定理的发现以及科学家的小故事；用诗歌出数学题，用"秦王暗点兵""鬼谷算"等讲不定方程；用古希腊的建筑"雅典的废墟"画图或影像来体现标准化、质朴、简洁、呈规则的几何图形美，使抽象数学有了形象生动的形式。还可以用数学与哲学、美学以及文学的渊源关系的故事来增加学生的学习兴趣。可见自然学科知识的传授，一旦与教学艺术相结合，也就理所当然地具有了社会科学的特性，并且兼具自然科学美和社会科学美。

文学塑造形象不受时空限制，然而语言具有间接性，而引进绘画、影视等就更直观可感。宋人有诗云："画写物外形，要物形不改，诗传画外意，贵有画中态。"就是论诗画的离合异同，说明两个学科互为媒介的重要作用。现代画家兼作家的吴冠中的散文小集子《画中思》正是他画意与文思缠绵的结晶,也可引进课堂。

音乐是"流动的诗",乐音的变化源于自然节律的徐疾有度,可用来使学生体会社会生活也必须和谐有序。但是乐音具有非语义性、不确定性和多义性,如果学生听到的只是单个的音符和噪音,就无法达到预期效果,不能体会到惊奇或失望,需要教师介绍创作背景,讲故事,绘声绘色诱导想象,理解和欣赏作曲家的聪明和独创性。

美术是造型艺术,直接塑造栩栩如生的形象,但要学生理解绘画构思,认识表象之后的真实并领略意蕴美,则要审美媒介。如用醉汉频频向每一根路灯脱帽敬礼的笑话告诉学生,酒把醉汉的抽象力提高到能从灯柱和人形中离析出直立的形象特征,由此教会学生构图。又如欣赏徐悲鸿的《奔马图》,先播抗日救亡的乐曲,再介绍抗日救国中的徐先生,使学生眼前的"奔马"人格化;还可以引用自幼瘫痪、十九岁的小诗人吴强临终前的诗《为徐悲鸿〈奔马〉而作》,以赞美"纵然征途漫漫,纵然伤痕累累,你永不退缩"的奔马精神,激发学生产生美好情感。

用比较、借鉴和引用等方法引进其他学科知识或模式来解决本学科问题,使美育产生智育效应和德育效应。高校开设理工科各种专业不仅包含当代科学技术知识,其中也蕴含着丰富的人文知识美,而政治、历史、新闻等传统文科专业大多以抽象议论、概括叙述和平实说明传授人文社科知识。但专业教师也可借助故事、诗文、文物、画图、音乐及其他综合艺术为媒介,向学生展现自然美和社会美,激发学生的审美情感。例如用数学精美的推理形式指导学生写议论文;理科的假设和推理,与文学的形象思维都是用受控想象填补空白,可以相互比较促使偏科的学生融会贯通所学知识。用数学对称、比例、和谐美作绘画构图设计;用物理学原理解释绘画焦点透视法产生的构图美;用绘画色彩浓淡干湿变化的节奏美与音乐声响抑扬顿挫的节奏美相比较说明和谐美。古希腊毕达哥拉斯发现琴弦上的长短和音高成正比,说明音乐是直接把自然界的数理秩序诉诸情感世界。两个学科也可比较。用"形散神聚"的散文结构方法或杂文围绕中心论点旁征博引的方法安排政治课教学程序,可显示政治学科的人文美。

比较、借鉴和引用等方法引进其他学科知识或模式渗透于各学科的审美教育方法系统,从性质上可分为两个层次:一是知性、灵性的;二是情性、德性的。前者主要目的在于开启智慧,发展创造力,在操作上侧重于审美鉴赏力和审美创造力的培养;后者主要目的在于陶冶情操,塑造高尚人格,操作上近于情感渗透教育。如高校思想政治课的培养爱国情操或介绍历史上的民族英雄,一般先播放英雄影视故事片断,当悲歌震撼人心时,教师饱含感情导入新课,带领学生游目骋怀于祖国的广阔疆域,净化学生心灵。这些方法的应用在不同学科各有侧重,但都相辅相成,相得益彰。

二 技 术 之 美

【案例呈现】

中国的十大技术

第一,高铁技术。中国投入运营的高速列车时速达 350 千米/小时,总里程已经达到 2.2 万千米,占全球的 60%,遥遥领先于世界。

第二,特高压输电技术。中国是世界上唯一掌握和推广特高压输电的国家,在特高压行业领域处于绝对领先地位。全世界都用中国技术标准。

第三,核能技术——人造太阳。高温气冷堆是具有第四代核能安全特性的核电技术,是国际上公认的具有先进技术特征的新型核反应堆,它标志着我国在这一核电技术领域处于世界领先水平。人造太阳解决了核聚变过程中释放能量不可控的难题。该项试验于2019年首次获得成功,预计几年后与大家正式见面。中国人造太阳一旦正式投入使用,它将拥有10兆瓦以上的加热功率,温度高达1亿度。它提供的能源比其他能源更为清洁可持续,且安全稳定。

第四,量子技术。目前在量子通信的研究领域,中国在国际上处于全面领先的地位。我国已经建成了量子通信的"京沪干线",搭建了连接北京、济南、合肥、上海的全程 2000 多千米的量子通信骨干线路。中国在世界上发射了首颗量子通信实验卫星——墨子号。

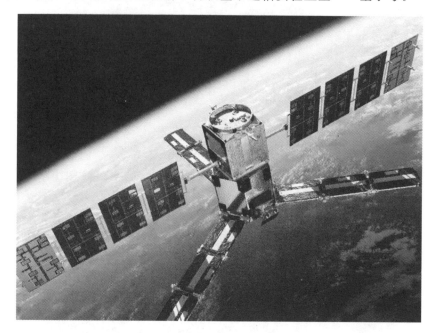

第五,激光武器技术。在 20 世纪 60 年代,我国就开始研制激光武器,并在后来的几年取得了重大进步,现如今我国的激光武器已经走在了世界前列,KBBF 晶体由中国在 1990 年发现,应用于激光反导武器;美国使尽全力历时 15 年才于 2016 年研制出 KBBF 晶体;但中国新一代晶体已经研制成功,再次在 KBBF 技术领域领跑全球。

第六,中国天眼。位于贵州一个偏僻县城的"中国天眼"是目前全球最大的 500 米口径球面射电望远镜,比西方现在最好的要灵敏 50 倍,西方媒体称,中国将凭借新技术设备成为首个发现外星文明的国家。

第七，基建工程技术。中国在基建工程上的技术是全球第一，中国被称为"基建狂魔"，除了全球91座高桥中国占了71席。其代表作工程——港珠澳跨海大桥，更是世界第一。

第八，超级计算机。中国的超级计算机享誉世界，而且中国超算的CPU完全是中国自主研发的，超算被认为是让美国科技领先的核心力量之一，现在中国后来居上。

第九,超级水稻技术。世界的目光都被中国水稻种植方面的一项项突破所吸引。超级稻、巨人稻、海水稻、去镉稻等新型品种横空出世,不断给世界带来惊喜。位于河北省邯郸市永年区的示范基地,是全国第六期超级杂交稻"百千万"高产攻关示范工程示范点之一。2017年10月15日,该基地水稻种植通过了该省科技厅组织的测产验收,平均亩产1149.02千克,即每公顷17.2吨,创造了当时世界上水稻单产的最新、最高纪录。超级杂交水稻是农业部超级杂交水稻培育计划的成果,该计划于1996提出,"杂交水稻之父"袁隆平主持培育计划。

第十,民用无人机技术。大疆无人机已经占了世界民用无人机70%以上的市场份额,风靡全球;中国无人机发展技术居世界前列,中国无人机在无人装备研制领域已经是世界第一。

【案例思考】

中国还有哪些技术正逐步走向世界前列?中国技术创新有哪些特点?未来还需要在哪些被西方国家"卡脖子"技术方面进一步发力?

【案例点评】

技术落后是要被人欺负的,以前中国在这方面吃了大亏,这激起了中国在各个科技领域奋起直追,诸如5G通信等多项中国创新成果已走在世界前列。但仍面临基础性、前沿性研究实力不足等问题,未来还需在人才培养、提高自主科创意识等方面发力。

自中国改革开放以来,中国的经济发展突飞猛进,现在已成为全球第二大经济体。随着经济实力的提升,中国的科研经费每年都不断增加,中国领先世界的科学技术也越来越多,我相信未来世界必将有更多中国技术走向全世界,展现中国技术之美。

三 工 艺 之 美

【案例呈现】

传统工艺之美——榫卯

现代工艺之美——智能机械手

【案例思考】

将传统工艺作为中国非物质文化遗产,鼓励传统工艺企业和从业者合理运用知识产权制度,注册产品商标,保护商业秘密和创新成果。支持有条件的地方注册地理标志证明商标或集体商标,培育有民族特色的传统工艺知名品牌。依托公共文化服务场所积极开展面向社区的传统与现代工艺展演、体验、传习、讲座、培训等各类活动,使各级公共文化机构成为普及推广工艺之美的重要阵地。那么,当代大学生如何提升自身的工艺美育水平呢?

【案例点评】

1. 传统工艺之美

中国各族人民在长期社会生活实践中共同创造的传统工艺,蕴含着中华民族的文化价值观念、思想智慧和实践经验,是非物质文化遗产的重要组成部分。我国传统工艺门类众多,涵盖衣食住行,遍布各族各地。振兴传统工艺,有助于传承与发展中华优秀传统文化,涵养文化生态,丰富文化资源,增强文化自信;有助于更好地发挥手工劳动的创造力,发现手工劳动的创造性价值,在全社会培育和弘扬精益求精的工匠精神;有助于促进就业,实现精准扶贫,提高城乡居民收入,增强传统街区和村落活力。立足中华民族优秀传统文化,学习借鉴人类文明优秀成果,发掘和运用传统工艺所包含的文化元素和工艺理念,丰富传统工艺的题材和产品品种,提升设计与制作水平,提高产品品质,培育中国工匠和知名品牌,使传统工艺在现代生活中得到新的广泛应用,更好地满足新时代人民群众消费升级的需要。

2. 现代工艺之美

随着我国城市化进程加快,工业用地更新改造需求猛增,对城市的空间结构、功能布局、城市环境等方面产生影响。然而近 40 年以来,我国仍处于城市化快速发展阶段,大量工业遗产的保护与利用尚未获得城市层面的统筹安排。许多曾经建设于城市边缘的工业厂区,随着城市的发展扩张成为城市的核心区域,却未能在功能及环境风貌等方面与城市发展主线同步,成为难以融入城市生活的孤岛。如何让这一类工业遗产的保护和城市发展进程更加融洽,也是近年来遗产保护领域较为关注的课题。

工业遗产的传承延续存在着与现代城市生活相融合的一般规律,下面通过景德镇艺术瓷厂的改造实践对这一规律进行解析。景德镇艺术瓷厂位于景德镇老城中心地带,是老城与新城结合部的重要节点,艺术瓷厂占地面积 5 hm^2。20 世纪 50 年代建厂初期,厂区远离景德镇历史城区。随着城市扩张,原来位于城市边缘的艺术瓷厂变成城市核心区,从空间上串联了城市发展轴带。

【案例呈现】

景德镇艺术瓷厂的改造

【案例思考】

艺术瓷厂厂房年久失修及自然老化,保证建筑结构安全是满足建筑正常使用的前提。在改造过程中,尽可能保留厂房主体结构,并对原有的墙体、结构构件加固。同时,采用新旧结合的建筑结构处理方式,新增钢结构体系,用以支撑屋架和外围护墙体。设计既保留了厂房的历史痕迹,让当地的居民和曾经在这里工作过的老工人在情感上找到寄托,又节省了建筑主体重新建造的材料和施工费用。

在城市化快速发展的今天,通过工业遗产的改造提升城市价值和城市生活品质,已成为众多城市所追求的城市梦想之一。同时,融入城市生活之后的工业遗产也实现了生命的延续,两者相辅相成,无法割裂。景德镇艺术瓷厂的实践是两者充分融合的典型案例。同学们认为在保护与传承工业遗产、丰富城市生活、唤醒城市活力、展现工业之美方面还有哪些方法?

【案例点评】

18世纪中期英国工业革命爆发,工厂、设备等工业设施拔地而起,改变了人们的生活以及城市景观。20世纪60年代,随着城市产业结构的升级和生活方式的改变,以及工业发展带来的环境污染和社会问题日益凸显,煤矿、铁厂等老厂区大量被关停、闲置、荒废。随着时代变迁和时间积淀,工业遗迹又成为文化遗产的一部分。1973年,英国成立了工业考古协会,几乎同时,美国、澳大利亚等国家也成立了相应组织,推动工业遗产的研究、保护以及再利用。1986年,联合国教科文组织把工厂旧址、附属设施等工业遗迹纳入"世界遗产名录"。

我国工业遗产保护起步较晚。2006年4月,国家文物局在江苏无锡举办无锡论坛,通过了保护工业遗产的里程碑式倡议——《无锡建议》,提出了"尽快开展工业遗产的普查和评估工作;编制工业遗产保护专项规划,纳入城市总体规划"等具体措施。同年5月,国家文物局下发了《关于加强工业遗产保护的通知》,对工业遗产的调查、评估、保护等进行了规定。随后,天津市、江苏省、湖北省等地启动了工业遗产的普查、保护工作。2017年和2018年,工业和信息化部公布了两批国家工业遗产名单,共有53处工业遗迹列入其中。2018年该部印发的《国家工业遗产管理暂行办法》,则从认定、保护管理、利用发展、监督检查等方面对具体保护举措进行了细化。

据不完全统计,全国尚存工业遗产近千处。这些工业遗产项目时间跨度长,数量繁多,保存现状复杂,有些在城市化进程中,被迫搬迁甚至被拆除;有些留存下来却保存状况堪忧;有些在利用过程中,因对价值把握不准,使其面临二次破坏。工业遗产保护的形势依然严峻而紧迫,这就要求把工业遗产安全放在首位,要摸清工业遗产的"家底"、现存状况,在保护过程中,必须坚持整体性和原真性两个文物保护的基本原则,延续其历史风貌。同时,要处理好工业遗迹和历史街区保护、城市规划等方面的关系,因地制宜地建立综合、整体的保护机制,避免"一刀切""碎片化"式的保护。

值得提醒的是,工业遗产保护固然重要,同时,也要对其进行活化,让其融入现代生活,才能以"用"促"保",开启其活在当下的良性循环模式。可以结合工业遗产的文化特征,将其建设成为工业博物馆,也可以发展工业旅游,还可以建设工业文化产业园区、创新创业基地等,把工业遗产合理利用和传统产业转型升级结合起来,在延续城市文脉的同时,为城市产业转型发展赋能,从而展现工业之美。

第二节 网络之美

党的十八大以来,习近平总书记围绕网络强国建设发表一系列重要论述,提出一系列新思想新观点新论断,为新时代网信事业发展提供了根本遵循。认真学习习近平同志关于网络强国的重要论述,对于我们做好网络安全和信息化各项工作、推进网络强国建设,开启全面建设社会主义现代化国家新征程、实现中华民族伟大复兴的中国梦具有十分重要的意义。

一　互联网之美

2020年,在网络强国战略的指引下,互联网行业牢牢把握信息化发展的历史机遇,稳步推进网络基础设施建设,通过社交网络构建服务新生态,电子商务、网络游戏、在线教育等行业均实现显著增长,创下了一项项新的历史成绩。面对新冠肺炎疫情的重大冲击,互联网行业充分运用云计算、大数据、人工智能等新一代信息技术与平台服务优势,开发非接触式经济模式助力我国经济社会线上化进程提速,培育经济发展新动能,推动高质量发展。

【案例呈现】

互联网诞生50多年来,其影响范围之广、程度之深,没有任何一种技术可与之相比。信息化为中华民族带来千载难逢的机遇,互联网也为全世界各国提供了更加强劲的发展动能和更加广阔的发展空间。新中国70多年通信方式的变迁,中国互联网技术同大飞机、高铁、FAST射电望远镜一样,也是我国经济社会发展和时代科技力量的重要体现,是国家的靓丽名片。中国与国际社会一道顺应时代潮流,勇担发展责任,共迎风险挑战,努力推动构建网络空间命运共同体,互联网之光一定会照亮人类文明的未来,为地球村带来更多福祉。

【案例思考】

谈一谈你所感受到的互联网之魅。

【案例点评】

1. 发展好互联网,中国实践引领美好生活未来

今天,新一轮科技革命和产业变革加速演进,人工智能、大数据、物联网等新技术新应用新业态方兴未艾,不知不觉间深刻改变了我们的日常生活。互联网与实体经济融合发展的趋势日趋明显,大数据、人工智能、5G等领域科研能力不断增强,网络安全保障能力和水平显著提升,网络空间秩序井然、天朗气清……中国特色社会主义进入新时代,网信事业靠着新思想的指引、新战略的擘画,不断迈上新台阶、拓展新境界。

2. 运用好互联网,中国方案展现网络空间之美

网络技术是一把双刃剑,是运用互联网搞技术封锁、网络霸权,还是运用互联网深化合作共赢,关系着互联网究竟是"阿里巴巴的宝库"还是"潘多拉的魔盒"。从造福人民、造福人类的

着眼点出发,中国一贯注重加强互联网内容建设,营造清朗的网络空间,一贯注重深化网络空间国际合作,推动世界各国共同搭乘互联网和数字经济发展的快车。召开世界互联网大会,搭建凝聚共识、共享合作的平台,本身就体现出中国运用好互联网的合作诚意和决心。把互联网打造成促进变革创新、实现互利互惠的"合作之网",正是中国运用好互联网的真诚愿望。

3.治理好互联网,中国智慧凝聚广泛国际共识

习近平主席曾深刻指出:"网络空间前途命运应由世界各国共同掌握。"他所倡导的推进全球互联网治理体系变革"四项原则"、构建网络空间命运共同体"五点主张",如今已成为国际社会广泛共识。面向未来,抓住发展机遇,纾解共同挑战,中国将一如既往发挥负责任大国作用,努力做网络空间发展的贡献者、网络空间开放的推动者、网络空间安全的捍卫者、国际网络空间治理的建设者。各国应该深化务实合作,以共进为动力、以共赢为目标,走出一条互信共治之路,共同推进全球互联网发展治理进程,让互联网更好地造福世界、造福人类。

4.历史未有穷期,而思想的光芒永远指引未来

互联网诞生50多年来,影响范围之广、程度之深,没有任何一种技术可与之相比。信息化为中华民族带来千载难逢的机遇,互联网也为全世界各国提供了更加强劲的发展动能和更加广阔的发展空间。国际社会与中国一道顺应时代潮流,勇担发展责任,共迎风险挑战,努力推动构建网络空间命运共同体,互联网之光一定会照亮人类文明的未来,为地球村带来更多福祉。

二 物联网之美

【案例呈现】

物联网,被视为继互联网之后的又一次信息技术革命浪潮。物联网所带来的资产价值将是互联网的数十倍,下一个万亿元级别的资产非其莫属。在信息时代,以计算机为代表的第一次资产浪潮,以及以互联网、移动通信网为代表的第二次资产浪潮已经过去,现在人们正面临着以物联网为背景的第三次资产浪潮。一个万物互联的时代即将到来,各种智能化设备应用、人物感应,都逐步普及到社会各个角落。

物联网应用

我国物联网产业规模及多样性持续扩大,行业生态系统逐步完善

资料来源,中商产业研究院整理

【案例思考】

物联网对于中国有何意义？物联网未来将如何发展？

【案例点评】

物联网不是一个普通的技术，它是一个重大的技术革命。2000年以来，中国连续享受到数字经济的红利，可以从两个层面来说：一是欧美国家的信息基础设施在数字压缩技术出现前已经完成，而中国则是在数字压缩技术出现后开始的，因此我们以较低成本就完成了数字化基础建设；二是中国的数字技术被广泛应用在服务领域，如被称为"新四大发明之一"的移动支付，在欧美国家使用比例非常低。根据梅特卡夫定律，即网络基础设施完成后，网络的价值与用户平方成正比，而万物互联的物联网时代，网络价值则是与500亿台机器连接的平方成正比，价值空间可想而知。

中国是物联网应用实践和创新开发最多的国家，中国占到了全球物联网产值的1/4左右。其中一个主要原因在于，中国已完成5G基站超70万个，2020年年产值超2万亿人民币。我国现在的信息技术水平不亚于世界上的任何一个国家，当今世界互联网十大公司有四家属于中国，这足以看出我国的实力。现在我们已经步入物联网技术革命时代，紧接而来的将是人工智能技术革命和基因新工程革命时代，在这一点上，美国的媒体就曾断言今后物联网技术革命的赢家会是中国。

三　脑联网之美

【案例呈现】

互联网发展这么多年来，强调的主要是从网速、带宽、流量等方面提高质量，这些仅仅是加大了传输"管道"的容量而已。或者把连接对象从"人"扩大到了"物"，或者使用"互联网＋"以及"O2O"等来对互联网的应用领域做横向扩充。但是，对网络本身来说，一直没有具备再高一个层面的特性，那就是智能化。如果把"大脑"加进互联网或者物联网，让它具备智能化，这样的"脑联网"将会带来意想不到的革命性变化。

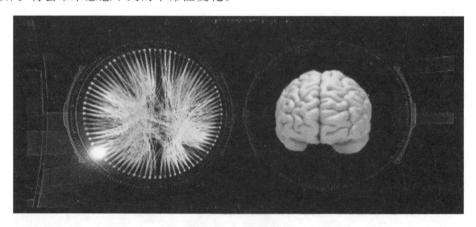

【案例思考】

脑联网对于中国有何意义？脑联网未来将如何发展？

【案例点评】

如果有了"脑联网",房间里的沙发、冰箱、电视机、空调等都会感知到你的形体动作、你的走动情况、你的声音,甚至你的表情,然后会进行分析和"思考"。见到你已经倒下睡着,"脑联网"就认为你有了睡意,就会把房间里的空调打开并调整到合适的温度,电视机也会自动关掉,沙发也会慢慢展开铺平变成一张床,让你舒舒服服一直睡到天亮。

再来看看住房外面的情形。在大城市里,经常遇到的烦恼是堵车。如果每一辆车都能联网(车联网),每一个红绿灯都联网,每一位司机、交通警察甚至街上走的每一位行人都带有传感器并连上网,网上对这些"大数据"进行实时自动分析,这就是"脑联网"的作用和功能。当你出行准备到某个目的地时,这个"脑联网"就会准确地告诉你,走哪条路线现在不会堵车,从而大大节省你的时间和精力。

"脑联网"将带来一场跨界、跨领域以及跨产业的新的革命,大大提高我们的认知能力和工作效率,也将彻底改变我们的生活习惯和生活方式,蕴含着无限商机。如果人类大脑确定可以连接,那么"脑联网"肯定会开辟出研究和开发的新领域,也会进一步帮助神经学科学家揭开人类大脑的秘密。事实上,它甚至可以重塑世界,因为它不但在机器和设备里装有了"大脑",在互联网里有了大脑,还将把人类的大脑连接在一起,使人类本身的智慧真正发挥到极致。

第三节　生态之美

【案例呈现】

中国馆:向世界讲述中国生态之美

走进北京世园会园区,首先映入眼帘的便是一座半环形的标志性建筑——中国馆。青山绿水间、梯田花海旁,这座建筑宛如一柄温润的"如意",金色的屋顶勾勒出蜿蜒柔和的曲线。中国馆汇聚了中华园艺精华,向人们讲述中国园艺的传统文化和历史故事。

"中国馆位于整个园区的中心位置,我们希望它传承先人田园文化、农耕文化的价值观。"北京世园会中国馆总设计师崔愷介绍,"中国馆的顶部,以农民'盖窝棚'的做法为原形,采用了最简单的人字支撑,平面设计为半月形,中间设计了一口井作为水院,四水归堂,也是农耕文化典型的代表。"

【案例思考】

一座中国馆,将中国古典生态哲学智慧与现代生态文明理念融合起来,成为一扇向世界展示中国生态之美、讲述中国园艺历史文化的绿色窗口。如何理解中国传统农耕文化的生态之美?

【案例点评】

在中国馆的设计中,绿色节能理念贯穿始终,中国馆因此被人们称为"一座会呼吸、有生命的绿色建筑"。中国馆大部分展馆置于梯田之下,利用梯田大型覆土建筑结构的保湿隔热性能,降低建筑物采暖降温能耗;屋顶设置雨水收集系统,场地采用透水铺装,降落在屋顶或地面上的雨水,可进入地下雨水收集调蓄池,经回收处理后用于梯田灌溉和展览植物的滴灌、微灌,形成生态微循环。

中国馆总展览面积为15000平方米,包括中国生态文化展区、中国省区市园艺产业成就展区、中国园艺高新科技成果展区、中国非物质文化遗产插花艺术展区四个展区。中国省区市园艺产业成就展区综合运用实物展陈与场景再现相结合、传统展陈和数字技术相结合的形式,让各地园艺历史文化、园艺产业发展、园艺科技创新以及生态文明建设等方面的特色内容得到充分展示。中国园艺高新科技成果展区则主要面向与园艺相关的国内高校、科研院所,汇集代表国际领先水平的、中国原创的园艺产业科技成果,展示与百姓生活紧密相关的绿色发展技术成果。

走进中国生态文化展区,"天地人和""惠风和畅""山水和鸣""祥和逸居""和而共生"等主题依次布局,通过传统园艺场景与现代科技的结合,多方位诠释中国传统生态观和生活哲学。"天地人和"展项以甲骨文、《诗经》中的植物等为素材,展示人与自然和谐共生的科学自然观;"惠风和畅"展项以精美的押花、插花等工艺再现秀丽多姿的绿水青山;"祥和逸居"展项通过纱幔、光影、数字影像与实物相结合的形式,营造"风拂花开、崇尚自然"的动态互动效果。

一　绿色发展观

党的十八大以来,习近平同志关于社会主义生态文明建设的一系列重要论述,立意高远,内涵丰富,思想深刻,对于我们深刻认识生态文明建设的重大意义,坚持和贯彻新发展理念,正确处理好经济发展同生态环境保护的关系,坚定不移走生产发展、生活富裕、生态良好的文明发展道路,加快建设资源节约型、环境友好型社会,推动形成绿色发展方式和生活方式,推进美丽中国建设,实现中华民族永续发展,夺取全面建成小康社会决胜阶段的伟大胜利,实现"两个一百年"奋斗目标,实现中华民族伟大复兴的中国梦,具有十分重要的指导意义。

【案例呈现】

生态环境问题归根到底是经济发展方式问题,要坚持源头严防、过程严管、不良后果严惩,治标治本多管齐下,朝着蓝天净水的目标不断前进。这是利国利民利子孙后代的一项重要工作,坚决不能说起来重要、喊起来响亮、做起来挂空挡。

坚持绿色发展是发展观的一场深刻革命。要从转变经济发展方式、环境污染综合治理、自然生态保护修复、资源节约集约利用、完善生态文明制度体系等方面采取超常举措,全方位、全地域、全过程开展生态环境保护。

【案例思考】

党的十九大报告中,"绿色发展"一词出现了四次,全文十三个部分,有三个部分论述了"绿色发展"有关内容。报告提出在本世纪中叶建成富强民主文明和谐美丽的社会主义现代化强国,更是标志着中国的现代化目标首次被赋予了"绿色属性"。如何定位"绿色发展"的极端重要性?

【案例点评】

发展观,指的是一定时期经济与社会发展的需求在思想观念层面的聚焦和反映,是一个国家在发展进程中对发展及怎样发展的总的和系统的看法;而"革命",体现在颠覆性,体现在质变。绿色发展观不是一种表象的变化,而是一场深刻革命。

绿色发展的这种深刻性、革命性,主要可以从下面几个方面来理解。首先,它必须发生在个体层面的灵魂深处。在个体发展认知上,要有观念上的变革,即环境就是民生,青山就是美丽,蓝天也是幸福。其次,个体的消费观必须摒弃穷奢极欲、炫富比阔,而注重品质、健康、绿色。其三,在社会层面,要求发展导向的根本性变革。唯 GDP 论英雄的传统发展观,孤立、静止、片面地认知经济发展,结果就会导致环境污染,经济和社会问题突出。社会层面的发展观革命的深刻性,体现在从发展的量到质的导向转变,绿色是刚性约束,绿色就是发展。而在技术层面,这一革命的深刻性还表现在绿色繁荣。零碳技术是对化石能源燃烧技术的替代,互联网技术是对传统的高信息成本、高交易成本的绿色变革。也就是说,我们追求的是生态优先的高质量发展。

革命不是请客吃饭,实现绿色发展这场深刻革命并不简单,需要由表及里,触及灵魂深处。从法治层面,要划定红线、设置底线、瞄准痛点。在红线问题上依法依规使出重拳,红线底线的设置必须科学合理,具有可操作性,使之成为带齿的老虎,形成威慑力。在经济层面,要让绿色的社会利益同个体的经济利益形成利益共同体,即保护绿色是有收益的,破坏绿色是有代价的,从而树立绿色的利益观,让绿色成为个体和社会的自觉行为。在硬件设施方面,要形成完整完善的绿色体系,推动每一个人都置身于这场深刻革命,通过配备先进的"武器"和高效的"装备",推动绿色革命事半功倍。如精细地进行垃圾分类,必须要有配套的清运和处置系统,"垃圾革命"才能实现。只有突破零碳可再生能源的市场化瓶颈,能源革命才能实现。

二 绿色生产观

(一)绿色生产观引领当代中国农业现代化

【案例呈现】

党的十八大以来,中央全面深化农业供给侧结构性改革,推进我国粮食生产绿色发展。按照中央提出的"向市场紧缺产品调,向优质特色产品调"的要求,农业大省积极调整种植结构。河南持续发展优质专用小麦,2019 年的支持力度达到 2 亿元,优质专用小麦面积居全国第一。全国优质专用小麦面积已由 2016 年的 23.5% 增加到 33%。

在种植结构不断调优的同时,为了让老百姓吃得安全、吃得放心,中央还把绿色发展作为农业供给侧结构性改革的主攻方向,出台《关于创新体制机制推进农业绿色发展的意见》,绿色优质农产品供给由此被摆在突出位置。在江苏丹阳的一个家庭农场,传统的喷药施肥如今被 1000 多只小鸭子取代了。这种改变,得益于中央和地方正在推行的绿色高产高效创建项目,在品种、技术和服务多个方面,农场主谢桐洲都得到了有关方面的支持。

农业农村部最新数据显示,在农业绿色发展方面,2016 年以来,我国每年选择 300 多个县,深入推进绿色高产高效创建;化肥农药使用量实现了负增长;中央累计投入 160 多亿元,支持开展轮作休耕试点,面积累计达到7716万亩次。随着我国农业供给侧结构性改革的深入推进,粮食生产的区域布局目前也在不断优化。2016年以来,非优势产区的籽粒玉米面积调减了5000多万亩;低质低效区稻谷和小麦调减1300多万亩;市场紧缺的大豆增加3000多万亩。

推进绿色发展是农业发展观的一场深刻革命。从生产到生活,离开了绿色,乡村就失去了本色。我们不但需要改变农村环境,创造良好的人居环境,还要还农村以"松月生夜凉,风泉满清听"的诗意栖居,"湖上一回首,山青卷白云"的旷然而视,以及"夕阳度西岭,群壑倏已暝"的怡然自得。农村是农民的家,每个人都期望自己的家能够山清水秀,鸟语花香。只有农村人居环境良好、宜居宜业,才能描绘出人与自然和谐共生的美丽乡村图景。

【案例思考】

仓廪实,天下安。习近平总书记指出,中国人要把饭碗端到自己手里,而且要装自己的粮食。要发展现代农业,确保国家粮食安全,调整优化农业结构,推进农业由增产导向转向提质导向。当前,乡村振兴战略作为新时代"三农"工作总抓手,怎样将资源优势、生态优势转化为经济优势、发展优势,怎样让农民赚上"生态钱",怎样建设美丽乡村,打造美丽家园?

【案例点评】

人与自然和谐共生是乡村振兴的根本。乡村振兴战略,其核心要义就是要在严格保护自然生态环境的大前提下,坚持绿色生态发展导向,彻底摒弃过去单纯依靠过度消耗农村农业资源的发展方式,探索走出一条人与自然和谐共生,绿色可持续的循环经济发展之路。良好生态环境是最公平的公共产品,是最普惠的民生福祉。人与自然生态、经济发展与生态环境之间是相互依存、相互促进的辩证关系。良好的生态环境是农村最大的优势和财富。因此,尊重自然、顺应自然、保护自然、推动乡村自然资本加快增值,才能实现百姓富、生态美的统一。

乡村振兴战略为广阔田野铺上浓浓绿意,描绘出一幅可望可及的现代农村绿色画卷。在践行绿水青山就是金山银山的发展理念中,只有依托广大乡村各自独有的自然生态优势,深挖生态潜力,坚持以"节约优先、保护优先、自然恢复"的发展方针为指导,在乡村振兴战略实施过程中,因地制宜、循序渐进地将我国乡村所特有的生态比较优势充分发挥出来,才能推动绿水青山真正转化为生态宜居的金山银山。

生态宜居是美丽乡村建设的关键。随着经济的发展和收入水平的提高,农民对乡村生活环境改善的要求也日益提高。目前,我国农村环境污染形势不容乐观,生产过程中的秸秆焚烧、化肥农药使用超标、畜禽粪便处理不达标、农村小企业废气废水不达标排放等,都对农村的生态环境产生了不良影响。对此,必须以绿色发展引领生态振兴,在加强农村突出环境问题综合整治、统筹山水林田湖草系统治理、保护和修护乡村生态、建设生态宜居的美丽乡村等方面下足功夫。一方面我们不但要严控入口,严禁城镇工业和生活污染扩散到农村地区,另一方面还要通过推广绿色发展理念,加大农村污染整治力度。在生产生活中不但注重推广保护饮用水源、施用有机肥、使用可降解性农膜、使用绿色病虫害防治等有效措施,还要进一步降低发展对水环境和土地等生态资源的污染破坏。同时,在有机技术支撑下,大幅度提高农产品的生态附加值,使广大农民在享有蓝天白云、绿水青山的同时,农业生产收入得到显著的提高。

生态化的农业生产和宜居的生活环境,可以从根本上为乡村振兴打下坚实的战略支撑。唯有农业因地制宜地搞好乡村振兴的生态产业支撑,农业产业生态化、生活清洁化、生产技术有机化才能在我国乡村落地生根,"绿水青山就是金山银山"才能变为美好的现实。建设生态宜居、产业发达的美丽乡村既是党的十九大报告精神的完美诠释,也是习近平总书记"两山"理论题中应有之义,更是顺应广大农民生态宜居美丽乡村建设需求的生动实践。

生态经济转化是乡村振兴发展的优势。从当今世界发达国家的实践来看,生态环境优美、人文气息浓郁、生活品质普遍高于城市是现代化美丽乡村的特点,而乡村生活品质的基础在于坚实的产业。因此,通过政策和财政资金的引导,完善绿色金融供给体系,以市场化方式为乡村绿色发展提供多元化绿色金融产品。通过激励机制引导银行创新绿色信贷产品和服务,为农业绿色技术研发应用和农村生态保护与治理等项目提供信贷支持;适时推出乡村绿色发展专项债券,引导社会资金定向支持乡村绿色建设项目;继续支持设立各类绿色发展基金,鼓励有条件的地方和社会资本联合设立区域性绿色发展基金,发掘具有商业价值潜力的乡村绿色项目,为乡村绿色发展提供动力。

当前,环境保护和生态建设已进入一个新的发展阶段,绿色浪潮正在兴起,绿色产业蓬勃发展,绿色消费方兴未艾,绿色市场迅速扩大,良好的生态环境正日益成为一种稀缺资源,成为十分短缺的经济要素。哪个地方生态环境好,环境容量大,对生产要素的吸引力、凝聚力就强,发展潜力就大。由此可见,良好的生态环境不仅是一种资源,更是一种特殊的资本,是一笔巨大的无形资产,无论对外还是对未来发展都最具竞争力和吸引力,具有很强的后发优势。尤其是经济欠发达地区,因为工业不发达,自然生态破坏比较小,往往较好地保持了自然生态和人文生态,而这正是发达地区花巨大代价也难以恢复的。要把生态环境作为一种资本来经营,正确处理眼前和长远的关系,强化保护环境就是保护生产力,保护一方青山绿水就是发展的观念,按照市场需求导向,发挥政府调控作用,进行规划、保护、开发、利用,培育新的经济增长点,加快生态资源向生态资本转化,将蕴藏在广大农村的生态优势真正转化为乡村振兴发展的生态经济优势,为乡村振兴战略的更好落地实施,从根源上打通生态和经济的循环圈。

乡村振兴需要践行绿色发展理念。发展经济的最终落脚点是人;发展生态经济,建设生态环境,创造美好的人居环境,核心是人,目的是人。乡村振兴须坚持生态发展,以生态乡村建设为载体,着力把生态资源转化为生态资本、把生态优势转化为经济优势,走生产发展、生活富裕、生态良好的文明发展道路。

(二)绿色生产观引领当代中国工业现代化

【案例呈现】

在位于苏州的国家再制造汽车零部件产品质量监督检验中心,经过拆解、清洗、检测、再制造加工等程序,废旧电池、发动机、变速器、前后桥等大量零部件得以回炉重造,获得新生。"再制造的零部件性能不低于新品,价格只有原先的 50%~60%。"苏州汽车研究院院长助理郑勋介绍。目前,基地已入驻汽车发动机、光学镀膜机、半导体设备等领域的再制造企业 20 余家。再制造汽车零部件产品质量监督检验中心获批行业唯一的国家级检验平台。

国家再制造汽车零部件产品质量监督检验中心（宋峤　陈俨　摄）

【案例思考】

机动车报废"退休"后怎么处理？相较于拆成无处堆放的固废垃圾而言，如果能通过一定的技术手段，对它进行再制造，可使其重新焕发生命活力。那么如何实现"双赢"的选择呢？

【案例点评】

改革开放以来，我国深入推进经济体制改革，充分发挥比较优势，在短短几十年时间里走完了发达国家几百年走过的工业化历程。近年来，我国经济发展面临的外部环境和内部条件发生了深刻复杂变化，主要依靠资源、资本、劳动力等要素投入支撑经济增长和规模扩张的发展方式已不可持续。为有效应对外部环境与内部条件深刻复杂变化给我国经济发展带来的严峻挑战，习近平同志提出创新、协调、绿色、开放、共享的新发展理念，为我国提高经济发展质量、推进新型工业化提供了根本指导。

工业绿色发展不是单纯的环境治理问题，而是涉及形成什么样的工业制造体系、产业结构、国际分工格局等的发展战略性问题。我国汽车保有量已达2.4亿辆，按照国际上4%至6%的报废比例平均水平，未来汽车报废规模非常庞大。再制造是最大限度地利用废旧产品剩余价值的最佳途径。20世纪的100年，人类创造的物质财富超过了前5000年的历史总和，但也极端消耗了地球资源。再制造无疑对可持续发展具有极其重要的意义。

传统制造业模式在产业和技术革命的新形势下，已经难以持续，需要走新的道路才能实现高质量发展的目标。当前我国要从外延扩张的老路转向内涵提升的新路，外延式发展的方式致使我国的土地、能源等支撑难以为继，必须要走提高资源利用效率、提高劳动生产力的新道路。科技创新是制造业高质量发展的最大动能，要致力于技术提升，着力发挥技术改造的作用，全面提高技术装备的水平。在实现我国工业绿色发展过程中，就要促进现代服务业与制造业深度融合，提高全要素生产率和科技对经济增长的贡献率。抓住新一轮科技革命和产业变革机遇，提供绿色产品和服务，构建绿色制造体系。加快推进能源行业转型发展，逐步提升我国环境标准，加大节能环保产业投入，推动实现绿色循环低碳发展，从源头上解决生态环境问题。

三　绿色消费观

【案例呈现】

2019年1月31日，上海市十五届人大二次会议表决通过了《上海市生活垃圾管理条例》（以下简称《条例》），并将于7月1日正式开始实施。此举标志着，在推行20多年后，"垃圾分类"在申城纳入法治框架：个人混合投放垃圾，今后最高可罚200元；单位混装混运，最高则可罚5万元。实行生活垃圾分类，可以减少垃圾处理总量，是实现垃圾无害化、减量化、资源化的基础，是发展循环经济、建设生态文明、促进经济社会与环境协调发展的必然要求。

【案例思考】

2019年1月31日，上海市十五届人大二次会议表决通过的《上海市生活垃圾管理条例》开始实施，基于此，我们如何树立正确的消费观？

【案例点评】

传统工业社会的消费伦理观是"消费主义"的伦理观。科学技术、市场经济、个人主义的相互结合，引导和刺激了工业社会中物质主义、享乐主义、消费主义等消费伦理观的盛行。法国学者让·波德里亚在《消费社会》一书中认为，当今社会表现为一种消费主义的流行，人们对物质生活资料的消费似乎充满了异乎寻常的激情：消费一切，"我买故我在"。弗洛姆则说："今天，人们买来物品是为了扔掉它。今天的口号是：'消费，别留着。'今天的座右铭是：'东西越新越好。'"在这种伦理观的支配下，工业社会生产的目的变成了将产品推销出去，衍生了一种浪费和越多越好、越新越好的消费方式。人们消费不是为了满足自己的正常需要，而是为了显示身份、讲究排场，为了赢得一种心理虚荣，从而形成了一种远远超过正常需要的过度消费。所以，追求物质资料的占有、享受和过度消费的理念，就是消费主义。消费主义伦理价值观的流行，使人们精神空虚，生活质量降低，从而破坏了人的身心生态。

在消费原则层面上，生态文明并不反对人们消费，而是主张人们适度消费，消费的内容和方式要与自然资源的有限性、社会经济的发展水平以及个人的消费能力相一致。亚里士多德认为，过度和不足为恶，而中庸才是美德。因此，适度消费是相对于"过"与"不及"而言。人类进行的消费活动是通过对生活必需品的消耗来满足人的生存、再生产以及全面发展，超过这一标准的消费便是浪费，不及这一标准则是对人的全面发展的压抑。在工业文明时代，不合理的消费则主要体现为浪费和奢侈消费,造成了自然、社会、人三者关系的全面紧张和矛盾激化。首先,过度、奢侈、浪费的消费方式是以大量消耗能源为前提的,其结果便是产生大量的生产和生活废弃物,造成了人与自然关系紧张,自然资源几近耗竭,环境污染日益严重。此外,攀比、阔绰的消费观念和行为引发人与人之间为物质利益进行无止境的激烈争夺,造成人与人的关系紧张,是造成"人对人是狼"这一社会生活状态的重要原因。不仅如此,个人对超出自己消费能力和收入水平、超出满足基本生活所需的物质财富的过度追求,容易因消费理想和现实的差距产生心理失衡、精神压抑等一系列心理问题,是现代社会个人身心不和谐、生活水平提高而幸福指数降低的主要原因,还会导致社会不安定和各类犯罪现象的发生等。因而,以适度为原则的绿色消费伦理观作为对工业文明时代的过度消费、渔猎文明和农业文明的不足消费的超越,体现在消费水平和质量、方式和内容上把握好"度",以实现人与自然、人与社会、人的身心的和谐统一。

在规范层面上,绿色消费伦理观提倡节约和俭朴、杜绝浪费和奢侈的消费方式。具体说来,节约式的消费倡导人们以道德、理性和社会责任感约束对物质占有和享受的消费欲望,摒弃传统消费模式对自然资源所造成的不必要的浪费,以最低的物质消耗来促进实现人的消费目的,即满足人之生存的正常物质需要,并以此作为基础发展和提升人的精神生活和思想素质。俭朴的消费伦理观与消费主义时代盛行的奢侈消费是完全对立的,后者表现为无止境地追求物质财富,并将之作为衡量成功和价值的唯一标准,而前者则倡导人们超越物欲的控制,将人生的目的和意义赋予更高远、更丰富的精神生活。总之,人类的消费方式应与动物的生存方式有所区别,即应注重精神文化消费,以达到人自身的身心健康、和谐。

生态文明时代的绿色消费伦理观与生态生产观相辅相成、互为促进。绿色消费伦理观内化为人们的消费理念,指导人们进行节约、俭朴的消费活动,而这一消费需求又决定生产的方式和内容,因而绿色消费观可促进经济结构和产业结构的调整优化,加快经济增长方式由粗放型向集约型转变,实现经济社会的全面转型和可持续发展,实现自然、社会、人的和谐统一。

生态文明时代的中国绿色消费伦理观以适度为消费原则,以节约和俭朴为消费规范,杜绝奢侈和浪费的消费方式,以实现自然、社会、人的全面和解、共荣共生。人类生活在生态系统之中,是自然的一个组成部分,人类的命运与地球的命运紧密联系在一起。然而作为自然界中兼具毁灭和建设力量的特殊存在,我们的生产模式和消费方式影响着生态系统的命运,也决定了我们自己的命运。生态文明时代的生态生产观和绿色消费观着眼于人类与自然的和谐发展,是对工业文明的生产伦理观和消费伦理观的革命和飞跃。

第五章　劳动育人

劳动是人类社会发展的源头活水,社会的一切进步都离不开劳动。正是劳动,成就了一个充满活力魅力的现代中国;也正是劳动,让我们今天无比接近中华民族伟大复兴的梦想。劳动到底有多重要?新时代应如何加强劳动教育,实现劳动育人目标?习近平总书记把劳动教育纳入社会主义建设者和接班人的要求之中,明确提出要在学生中弘扬劳动精神,将劳与德、智、体、美相并列,作为学生全面培养的重要内容,体现了党和国家在新时代对劳动教育的高度重视,是新时代加强劳动教育的行动指南和根本遵循,为培养新时代中国特色社会主义劳动者和接班人指明了方向。

第一节　劳动品质

【导入】

寻找身边最美的人

我们常说,有一种美叫劳动美,有一种精神叫劳动精神。在我们身边,总是有这样一群人,他们数十年如一日地专研着职业技能。靠着继承和创新,凭着专注和坚守,在各自领域追求着工作的极致,在平凡的岗位上演绎着精彩的人生。

说说你知道的劳模有哪些?劳模到底意味着什么?

人民的好公仆——焦裕禄

铁人——王进喜

杂交水稻之父——袁隆平

劳模,意味着"光",是一种能照亮黑夜、温暖人心的希望之光;

劳模,意味着一种"文",是一种人理之伦、人生之道的"人文";

劳模,意味着一种"取向",那是一个时代的追寻脚步、人生道德观念和价值取向。

他们是广大劳动者的代表,是奋进新时代的典型;他们奏响了劳动最光荣、劳动最崇高、劳动最伟大的时代强音……

他们用创新、奋斗、坚守展现了新时代的劳动之美。

一　新时代劳动教育内涵

劳动教育是新时期党对教育的新要求,是中国特色社会主义教育制度的重要内容。党的十八大以来,习近平总书记立足新时代历史方位,对劳动教育作出重要论述。2020年3月26日,中共中央、国务院发布《关于全面加强新时代大中小学劳动教育的意见》(以下简称《意见》),对新时代劳动教育做了顶层设计和全面部署。随后,教育部印发《大中小学劳动教育指导纲要(试行)》(以下简称《指导纲要》),进一步阐明了劳动教育的内涵和特征。

劳动即教育,劳动教育是以劳动为表现形式,其目的是找准劳动和教育的结合点,培育学生的劳动观念,提升学生的劳动能力,激发学生的劳动热情,最终促进受教育者的全面发展。劳动教育的内涵十分广泛,内容丰富,包括劳动技术、社会公益劳动、家务劳动等。

新时代的劳动教育,就是要让学生在系统学习文化知识外,有目的、有计划、有组织地参加日常生活、生产和服务性劳动,即在将教育与生产劳动作为两个独立系统的基础之上,通过科学技术将两者有机结合,让学生动手实践、出力流汗,接受锻炼、磨炼意志,培养具有正确劳动价值观和良好劳动品质的时代新人。

【案例呈现】

李万君:技能报国是他终生夙愿,"大国工匠"是他至尊荣光

"他是兄弟,是老师,是院士,是这个时代的中流砥柱。表里如一,坚固耐压,鬼斧神工,在平凡中非凡,在尽头处超越,这是他的人生,也是他的杰作。"这是 2020 年感动中国十大人物颁奖词,说的正是"大国工匠"李万君。

1987 年,19 岁的李万君职高毕业后被分配到中车长春客车厂电焊车间水箱工段,焊枪喷射着 2300 度的烈焰,瞬间将钢铁融化,车间火星四溅,烟雾弥漫,声音刺耳,味道呛鼻。直到今天,李万君还是常常提起当年厂里流行的一句顺口溜,"远看像逃难的,近看像要饭的,仔细一看是水箱工段的"。一年后,当初和他一起入厂的 28 个伙伴,25 个都离职了。而李万君却说:"啥活都得有人干,啥活干精了都会有出息。"他是这样说的,也是这样做的。

为了在他国对我国实施高铁技术封锁战略面前实现"技术突围",针对"能否一枪把这个环口焊下来"这个问题,当时已迅速成长为中车长客股份公司高级技师的李万君决心一试。凭着一股不服输的钻劲、韧劲,李万君在模型上反复演练,终于交出了合格的样品,经外方专家超声波检测和射线探伤,焊缝完美无缺。李万君还总结出"环口焊接七步操作法",成型好,质量高,成功突破了批量生产的难题。这项令法国专家十分惊讶的"绝活",现已成为公司技术标准。

正是由于李万君的刻苦攻关,悉心钻研,最终为公司乃至中国高铁作出了杰出的贡献,实现了中国高铁事业巨大的突破。

技能报国是他终生夙愿,"大国工匠"是他至尊荣光——这正是对李万君对中国高铁事业作出贡献的真实写照。

【案例思考】

高职大学生应如何顺应时代潮流,用技能点亮人生?

【案例点评】

劳动成就梦想,技能点亮人生。习近平同志指出,"一切劳动者,只要肯学肯干肯钻研,练就一身真本领,掌握一手好技术,就能立足岗位成长成才,就都能在劳动中发现广阔的天地,在劳动中体现价值、展现风采、感受快乐。"这是习近平总书记对全国劳动者的殷切期盼。劳动创造美好的生活,时代呼唤"工匠精神"。中国特色社会主义进入新时代,大学生是国家建设的主力军,是国家的未来和希望,担负着建设社会主义,实现"两个一百年"奋斗目标和中华民族伟大复兴的历史重任。

当今世界,综合国力的竞争归根到底是人才的竞争、劳动者素质的竞争。面对"十四五"蓝图和重任,新时代大学生要顺应时代,树立远大雄心壮志,做时代的弄潮儿;认真学习专业知识,钻研技术技能,提升创新能力,积累成才的基础;开阔视野,拥有开放的学习思维,学习新知识新技术,争做新时代的大国工匠。

二 新时代劳动教育意义

劳动是教育的应有之义。德、智、体、美、劳全面发展是我国一直倡导的教育思想。新时代加强大学生劳动教育,对于贯彻党的教育方针,落实立德树人的根本任务,促进大学生全面发展,实现中华民族伟大复兴的中国梦具有重要现实意义。

【案例呈现】

用汗水书写青春｜这位90后技术能手彰显新时代工匠风貌
周之旭获得所在单位"院技术能手"称号

周之旭,一位90年后小伙,2004年进入湖南工业职业技术学院学习数控专业知识;2017年毕业后,他来到中国工程物理研究院从事五轴机械加工工作,继续深耕专业。五轴设备可以说是数控行业中最顶尖的设备之一,操作方式相较一般的数控设备更加复杂。在零件的加工过程中,零件的精度要求一般也更为严苛,零件的尺寸公差最高需要控制到1个丝(0.01毫米)以内。面对如此复杂的工艺流程,周之旭始终信奉"扎扎实实,熟能生巧"的理念。在周之旭看来,专业技能的提升并非仅凭一腔热血就可以实现,同时需要投入大量的精力与时间。碰到不明白的地方,他总是跟自己"较劲",使劲地钻研。工作三年时间里,周之旭脚踏实地、勤奋钻研,出色地完成了各项工作。同时他还通过参加单位举办的职工技能大赛,进一步提升自身的专业技能水平,在2018年中国工程物理研究院职工职业技能比赛中,周之旭获得了五轴项目的第一名,被授予"院技术能手"的称号。

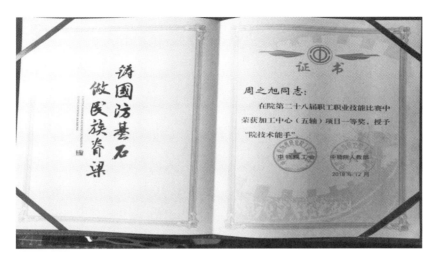

二轴、三轴、五轴……从全国职业院校技能竞赛一等奖获得者到单位技术能手，6年里，周之旭始终专注于自己的专业，不断钻研进取、精益求精，彰显出新时代的工匠风貌。

【案例思考】

新时代为何要大力培育和弘扬工匠精神？

【案例点评】

中国梦，劳动美。习近平同志强调，"劳动是推动人类社会进步的根本力量。幸福不会从天而降，梦想不会自动成真。""以劳动托起中国梦"，进行伟大斗争、建设伟大工程、推进伟大事业、实现伟大梦想，全面建成小康社会，进而建成富强民主文明和谐美丽的社会主义现代化强国，根本上要靠劳动者的辛勤劳动、诚实劳动和创造性劳动。当前，我国正在由制造业大国向制造业强国迈进，生产出更多更高品质的产品，需要大力提倡"工匠精神"。

追求精益求精、质量至上的工匠精神是爱岗、敬业、专注、创新、拼搏等可贵劳动品质的具体实践，也是劳模精神、劳动精神的深化和提升。新时代加强劳动教育，培育精益求精、一丝不苟、坚韧不拔、追求卓越的劳动品格，大力弘扬工匠精神，培养创新型、技术型、知识型的劳动大军，才能真正汇聚起中国经济社会发展强大正能量，真正为实现中华民族伟大复兴中国梦增砖添瓦。

三　新时代如何加强大学生劳动教育

【案例呈现】

大国工匠徐立平

徐立平，男，1968年生，中国航天科技集团公司第四研究院7416厂航天发动机固体燃料药面整形组组长，高级技师。自1987年入厂以来，徐立平一直为导弹固体燃料发动机的火药进行微整形。在火药上动刀，稍有不慎划出火花，就可能引起燃烧、发生爆炸。目前，火药整形在全世界都是一个难题，无法完全用机器代替。下刀的力道，完全要靠工人自己判断，药面精度是否合格，直接决定导弹的精准射程。0.5毫米是固体发动机药面精度允许的最大误差，而经徐立平之手雕刻出的火药药面误差不超过0.2毫米，堪称完美。为了杜绝安全隐患，徐立平还自己设计发明了 20 多种药面整形刀具,有两种获得国家专利,一种还被单位命名为"立平刀"。由于长年一个姿势雕刻火药以及火药中毒后遗症,徐立平的身体变得向一边倾斜,头发也掉了大半。28 年来,他冒着巨大的危险雕刻火药,被人们誉为"大国工匠"。

【案例思考】

如何理解爱岗敬业、奉献社会的时代内涵?

【案例点评】

每一次落刀都能听到自己的心跳。在火药上微雕,不能有毫发之差,这是千钧所系的一发。战略导弹、载人航天,一件件大国利器,都离不开徐立平冒着生命危险的锻造。"大国工匠"徐立平的事迹体现了爱岗敬业、奉献社会的职业道德,值得当代大学生学习并发扬光大。

在现代社会,职业生活对每个人来说,已是他生活的有机组成部分,职业活动占据了个人生命的大部分时间。

高等教育人才培养的模式是以学科专业为基本单位进行的,是一种专业性教育。据相关的调查与反馈,已从业的大学生的职业道德素质不容乐观,比如,缺乏敬业精神,更多考虑的是获取多少,而不是能奉献多少,把目前所在的工作单位看成"跳板",难以稳定就业岗位,缺乏脚踏实地的实干精神。这不仅影响了自身的发展,也给社会发展带来一定的负面影响。加强职业道德规范和职业理想教育,使学生自觉认识到职业道德的核心是爱岗敬业,职业道德的灵魂是为人民服务,即服务群众、奉献社会,从而实现个人价值与社会价值的统一;进而形成正确的择业观和就业观,是当代高职大学生顺利就业的客观要求。

第二节 劳动养成

"生活靠劳动创造,人生也靠劳动创造"。著名教育家陶行知先生曾倡导,"生活即教育,社会即学校,教学做合一"。劳动教育的出发点和落脚点都是生活,让劳动教育走入日常生活强调的是走进学生的生活世界以及挖掘现实生活蕴涵的教育资源。使学生在感悟现实生活意义的历程中,获得自我全面成长的广阔空间,以达到学生生活世界与社会生活世界的有机统一。

一　日　常　生　活

【案例呈现】

青春正当时｜湖南工业职业技术学院开展 2020 级新生"叠被子大赛"

为培养学生良好的生活习惯，提高学生整理内务水平，加强军训训练效果，2020 年 10 月 27 日下午，湖南工业职业技术学院开展 2020 级新生叠被子大赛，各连队分别派出 10 名学生参加大赛。

参赛人员从宿舍带好自己的被子，各式各样的被子给单一色调的操场增添了几分明亮的色彩。在比赛前的热身时间中，同学们反复练习叠被子的手法，找到自己最佳的状态去应对比赛。

本次比赛限时 7 分钟，要求叠出的被子整整齐齐、方方正正、有棱有角。随着总教官一声令下，比赛正式开始。"平铺、横折、画线、竖折、修边、扯角"，新生们根据之前教官的指导，按步骤有条不紊地进行着比赛。参赛选手各显神通，有的用银行卡刮整好被面，有的用皮尺测量长短，只为追求一个完美的"豆腐块"。"三分叠七分修"，同学们耐心地做好边角的整理工作，认真地对待叠被子的每一个细节。

叠被子"能手"、四营十连的邓俊杰表示："这次比赛得到了教官的细心指导，叠出来的被子与自己平时所叠的截然不同，很开心又学到一个新技能。"

此次比赛延续了军训中纪律严明、整齐有序的军旅风尚，活跃、丰富了新生的军训生活，加强了新生的集体荣誉感，为培养新生的生活自理能力、养成自律的大学生活习惯打下了坚实的基础。

【案例思考】

如何将学校劳动教育融入日常生活？

【案例点评】

劳动是生活世界理论的基石。劳动教育的出发点和落脚点都是生活,让劳动教育走入日常生活强调的是走进学生的生活世界以及挖掘现实生活蕴涵的教育资源。使学生在感悟现实生活意义的历程中,获得自我全面成长的广阔空间,以达到学生生活世界与社会生活世界的有机统一。

生活世界滋养着人的各种潜能,陶冶着人的情操,是个体养成正确的思想观念和思维方式、培养良好道德品质的主要操练场所。生活能力作为青年学生的关键能力,与劳动及劳动教育紧密相连。青年阶段是人生的"拔节孕穗期",最需要精心引导和栽培。对青年大学生来说,在劳动实践中,不仅可以掌握一些劳动知识、收获一些生活技能,而且能够培养一种新的生活态度与生活方式;体会劳动创造美好生活的真谛,涵养热爱劳动、勤俭节约、团结协作的优良品质,在增强自身的创新能力和实践能力的基础上,更加自信快乐地面对当下的学习与生活。因此,新时代加强劳动教育不仅应当在课程上设置相关的劳动教育课程,更应该在高校大学生日常学习、工作和生活中得到体现,使新时代大学生真切体会到劳动就在身边,劳动创造生活。

二 校 内 劳 动

劳动教育是新时代人才培养的重要目标和任务,与大学生的成长成才息息相关,更关系到社会主义事业的继承与发展。学校劳动作为大学生必修综合实践课程,是学生劳动学习、实践的练兵场。学校劳动旨在以培养大学生的劳动精神为出发点,充分发挥课程的综合性和实践性的优势,实现以劳增知、以劳陶性情、以劳健体、以劳促美的育人功能。

【案例呈现】

"洁净学士,河西靓城"环境卫生大扫除活动

2019年5月30日,湖南工业职业技术学院在新纪元广场启动了以"洁净学士,河西靓城"为主题的环境卫生大扫除活动,共有2000多名志愿者报名参加。

本次活动主要以"四清四洗"为主要内容展开,"四清"活动,即清垃圾、清堆物、清死角、清"牛皮癣";"四洗"活动,即洗路面、洗立面、洗设施、面清理。

启动仪式过后,在相关负责人的带领下,志愿者们领取了清洁工具、明确划分了卫生责任区。大扫除活动现场,志愿者们认真打扫、干劲十足,有的清扫路面、有的锄草、有的清理杂物。经过志愿者们一个下午的辛勤打扫,学院内外街道、广场已经变得更加洁净清新。

学校力争通过"劳动教育"活动,让学生了解劳动的由来、意义,树立爱劳动、会劳动,向劳模学习的思想,让学生明白劳动最光荣,热爱劳动和珍惜劳动成果。

【案例思考】

德智体美之外,为什么还要强调"劳"?

【案例点评】

现实生活中,我们常常会看到,不少青少年不珍惜劳动成果、不想劳动、不会劳动。部分青年对劳动的理解出现偏差,渴望不劳而获、盲目消费。为了"对症施治",新时代应加强劳动教育,引导青年大学生树立正确的劳动价值观,把个人成长与人民的需要、民族的振兴、时代的使命紧密联系在一起,志存高远、向阳成长,在劳动中真正把"小我"融入"大我"之中。

劳动教育具有树德、增智、强体、育美的综合育人价值。通过劳动教育,学生能够理解和形成马克思主义劳动观;能够体会劳动创造美好生活,劳动不分贵贱,从而热爱劳动,尊重普通劳动者,培养勤俭、奋斗、创新、奉献的劳动精神;能够历练满足生存发展需要的基本劳动能力,形成良好的劳动习惯。

【案例呈现】

不负青春,不负韶华——2020年"春雨"三下乡志愿实践活动

关爱空巢老人、进行知识宣讲……2020年8月6日,湖南工业职业技术学院"春雨"志愿服务队在长沙市开展了为期一周的志愿服务活动。

"爷爷,您看你的信息填写得正确吗?""奶奶,您有什么事情需要我们帮忙做一下吗?""老人家,平常要多注意保重身体,上下楼慢着点。"……在长沙市雨花区同升街道新聚园社区,志愿者们协助社工站走访社区空巢老人。志愿服务期间,每天上午九点半,志愿者们准时来到社区,风雨无阻。他们挨家挨户为老人进行个人情况建档,同时陪老人聊天、做家务。三天下来,志愿者们一共为该社区85名老人完成了建档工作。

走访了社区空巢老人之后,志愿者们又马不停蹄地来到了长沙市开福区怡智家园智障人士服务中心,为智障人士开展"生活安全知识"的专题教育宣讲活动。通过讲解安全知识、抢答小竞赛、有奖小游戏等多种形式,志愿者们寓教于乐,让宣讲活动在一片欢声笑语中画下圆满的句号。据悉,长沙市开福区怡智家园智障人士服务中心是湖南工业职业技术学院商务贸易学院志愿者定点合作机构,自2019年起,该学院每周二派出2~4位志愿者,来到该服务中心提供志愿服务,目前已累计派出几十名志愿者。

据悉,此次暑期"三下乡"社会实践活动,包含"社会调研""理论宣讲""科技创新""志愿公益"等多种实践形式,为学生们上了生动的一课。相对在传统的教室上课,实践教学更有现场带入感,学生也更容易产生共鸣,这有利于学生形成正确的世界观、人生观、价值观。

【案例思考】

新时代高职院校如何有效开展大学生劳动教育?

【案例点评】

高职院校培养的是未来的大国工匠,劳动教育的重点是结合专业特点,从增强职业荣誉感和责任感,提高职业劳动技能水平,培育积极向上的劳动精神和认真负责的劳动态度出发。组织学生定期开展校内外公益服务性劳动,做好校园环境秩序维护,运用专业技能为社会、为他人提供相关公益服务,培育社会公德,厚植爱国爱民的情怀等。其主要形式包括以下三个方面。

第一,校园内劳动教育实践。学校根据各部门的岗位特点、需求,以班级为单位,通过了解各班的人员结构,制定详细的课程实施方案,并从指导思想、组织管理、具体要求等方面作出细致安排。一般情况下,具体课程安排的时间是根据教务处教学计划的安排而定,课程时间为一周。包括以体力为主的劳动,例如让学生参与宿舍、食堂、教室和校园的卫生维护、绿化、安保;体力和脑力相结合的劳动,例如各类助研、助教和助管工作;校园内公益劳动(志愿服务),如导游、秩序维护、展览讲解等。

第二,校园劳动文化教育。大力营造崇尚劳动、尊重劳动的校园文化氛围,组织开展与劳动相关的社团活动,如举办劳动技能、劳动成果展示交流活动;结合植树节、学雷锋纪念日、五一劳动节开展劳动主题教育,激发学生劳动的内在需求和动力,充分利用校企合作平台,让具有真实劳动经历的学生,在与同学朝夕相处中影响其他同学成长和劳动价值观的形成,塑造大学整体氛围和价值观。

第三,社会真实劳动机会拓展。鼓励学生在校期间,积极参加校外实习、实训、调研和科学研究,参加真实、有报酬的勤工俭学,参加校外公益志愿服务,深入田间地头、车间、工地、商场、医院、公共卫生防疫等劳动场所,深入城乡社区、福利院等公益服务场所;鼓励全日制学生中断学籍(休学),在间隔年从事真实劳动,包括参军、支教、创新创业等。通过这些活动形式,让同学们更多地接触社会,为将来走进社会做好准备。

三 公益劳动

公益劳动是指服务于公益事业、不获取报酬的劳动。学校劳动技术教育和学生社会实践的目的在于培养学生为人民服务、为公众谋利益的良好思想品德;推动学生接触社会,深入生活,参加各种社会实践,形成良好的社会风尚。其具体内容包括工农业生产劳动和各种服务性劳动,如参加秋收、植树造林、打扫卫生、帮助烈属和残疾人等。以不影响教学为前提,从实际情况出发,为学生力所能及,并向学生讲清意义,积极引导,以学校、班级、小组或团队为单位进行,亦可个人单独进行。

学生公益劳动是指学生直接服务于社会有益的无偿劳动,是学校劳动教育和学生参加社会实践的一项重要内容,也是学校对青年大学生进行集体主义、共产主义教育的重要手段。

【案例呈现】

在大山深处宣传垃圾分类

2019年7月,湖南工业职业技术学院"美丽中国"环保小分队赴怀化市溆浦县淘金坪乡开展垃圾分类公益宣讲活动,通过发放垃圾分类的调查问卷与垃圾分类指导手册、开展垃圾分类讲座等形式向当地村民宣传垃圾分类政策等相关知识。关于垃圾分类,当地居民大多了解了可回收垃圾和不可回收垃圾的分类,但并没有完全按照这样的分类集中处理垃圾,也暂未进行进一步细分。来自垃圾分类公益青年团的垃圾小分队志愿者之一刘坦诚向学生记者说道,我国垃圾分类政策目前处于试点推广阶段,垃圾分类宣讲志愿者们致力于让更多的居民了解相关政策,提高环保意识。"我们要让更多人知道原来可以这样处理垃圾,并且这样做可以让生活环境更美好。"

2019年7月15日,志愿者们在淘金坪学校开展了垃圾分类讲座。主讲者从垃圾分类的原因、原则、具体做法以及法规四个方面展开,列举了大量与居民生活息息相关的案例,穿插了垃圾分类知识的有奖问答环节,充分调动了居民的积极性。讲座结束后,聆听完讲座的几个小朋友自发地加入到了打扫教室的队伍中,并主动将垃圾有序分类放至指定位置。

【案例思考】

如何理解当下全国各地各城市实施的垃圾分类？

【案例点评】

劳动教育是有魅力的教育，不仅要致力于观念培育，而且重在教当代中国青少年学生如何从劳动中体验生活的乐趣，培育一种现代"新生活"方式，为富强、文明、美丽中国作出贡献。未来社会是一个充满机遇又充满挑战的社会，每个人都必须具备相应的劳动本领、劳动专长，才能立足于时代大潮中。因此，学校劳动教育要紧跟时代步伐，不断丰富劳动教育的内涵、创新劳动教育外延，将课程设置与前瞻性的项目化任务结合起来，将学生个性特长爱好与劳动教育结合起来，通过多样化的劳动实训平台，促进学生在劳动教育中主动、生动地发展，同时还可将学生职业生涯规划与劳动教育有机融合，让劳动教育为学生点燃理想的火种，为学生奔向美好未来生活插上腾飞的翅膀。

第三节　劳动创造

【导入】

青春有约　智创未来

我们身边总有一群这样的人，他们"脑洞大开"，他们有许多看上去"不切实际"的想法，他们不甘于现状要打破传统，他们不仅敢闯还会"创"！

在刚站起来却举步维艰的新中国成立初期，钱学森咽不下"难道外国人能搞的中国人就不能搞"这口气，突破重重阻挠回国就马上投身国防尖端领域的研制工作当中……

林州人民10年间利用自己的双手与智慧，在南太行山的半山腰上凿出了一条被喻为"太行天河"的红旗渠，引山西漳河之水以解决400年来无水可用的难题……

杂交水稻之父袁隆平带领他的团队成功孕育出海水种植耐盐碱水稻，将水稻种到了盐碱地、种到了沙漠，平均亩产1149.02千克再度创造世界水稻单产的最新、最高纪录……

这就是弘扬以改革创新为核心的时代精神的力量，用改革创新撬动一切可以撬动的力量，特别是新时代的青年主力军，让他们手握出彩"金钥匙"，营造"大众创业、万众创新"的浓厚氛围。

一　新时代创新的科学内涵

创新是指在前人基础上的一种超越，只要能在前人或他人已有成果上有新的发现，提出新的见解，开拓新的领域，解决新的问题，创造出新的事物，或者对既有成果进行创造性运用，都可以称为"创新"。比如，科学创新、技术创新、管理创新、制度创新、思维创新等，既包括新事物的引起和采用，也包括旧事物的改革或革新。

在现代，创新已成为一个组织、一个社会、一个国家的根本命脉，成为不可阻挡的时代潮流。创新是引领发展的第一动力，没有创新，科技不会进步；没有创新，社会不会前进；没有创新，人类就没有梦想。人类的历史告诉我们，哪个民族和国家善于创新、勇于创新，就能够在世界发展的舞台上占有一席之地，就不会被历史的洪流所淘汰。

创新不仅仅是一个社会和谐的重要动力,同时也是一个社会是否和谐的重要特征。社会活力是历史进步与发展的源泉与动力,一个没有活力的社会是缺乏生命力的社会。只有在全社会形成创新浪潮,激发全民的创新激情,敢于突破、勇于创新,才是真实的和谐社会,才能使社会财富的创造源源不竭。

创新创业是可以学习传授的,可以通过教育来培养大学生创新创业精神与能力。首先,在开展创新创业教育的过程中要注重培养大学生的创新创业精神;其次,创新创业教育是一个完整的教育链,因此,需要构建完整的创新创业教育体系,尊重学生的兴趣意向,鼓励学生创新创业,逐渐形成创新创业文化底蕴。

【案例呈现】

90后技能尖兵用汗水书写青春

中国工程物理研究院是"两弹"精神诞生的地方,如今湖南工业职业技术学院电气自动化专业12级学生宋子豪也是其中一名,2015年,他通过层层选拔进入中国工程物理研究院材料研究所工作。

看到车间很多需要用到循环水的设备,在启动和切换时需要人手动控制循环水系统,且压力不恒定,不满足现状、喜欢探索的他又开始琢磨能不能改进这个装置。他设计了一套"水位自动控制系统",将电控柜进行改装,通过PLC让该系统可以根据预先设定值自动控制水位和水压,实现了无人化操作。这个系统让他获得车间"合理化建议与技术革新奖",这个奖是奖励在实际生产过程中发现问题、提出方法并解决问题,实现了安全性能或质量效能提高的人。

他工作第二年就获得了两个"合理化建议与技术革新奖",正是这几个技术创新让他在车间员工里脱颖而出,2019年,25岁的他已经成为电气系统设计、人工智能应用方面的团队负责人。

老一辈人物"自主创新、艰苦奋斗、求实创新、永攀高峰"的科研态度是他的精神引领。宋子豪说,工作中从前辈那学到的不仅是技术和知识,更是精益求精的工匠精神和不断钻研的科学态度。

我国国防科技工业之所以取得一系列重要突破,正是因为有一支支献身国防、业务精湛的从业队伍在不懈奋斗,这些90后的技能尖兵们也正接过前辈们的衣钵,继续为中国国防事业奋斗着。

【案例思考】

青年大学生如何理解并亲身实践"双创"是国家建设发展的助推器？

【案例点评】

创新始终贯穿着人类文明的发展史，人类历史上经历了三次科技革命：第一次科技革命极大地提高了生产力，使社会阶级结构、社会经济结构、世界格局都发生了重大变化。第二次科技革命使政治经济发展的不平衡加剧，世界力量与格局发生改变，列强争夺与冲突加剧。第三次科技革命极大地推动了社会生产力的发展，第三产业比重上升，推动了国际经济格局的调整。

虽然如今我国人才总体规模已近6000万，但现有创新人才的素质不高，特别是高层次创新人才十分短缺，能跻身国际前沿、参与国际竞争的战略科学家更是凤毛麟角。在青年大学生接受高等教育的同时，实事求是，结合其自身优势，培养创新创业意识，激发他们的创新创业活力，达到"双创"实现自我价值的目的。有利于大学生完善自我素质，提升个人品德，促进国家发展，使自身与国家连接起来，促进新时代中国的进步与发展。

二　创新意识培养的意义

【案例呈现】

新生代工匠有力量

周杰是湖南工业职业技术学院模具专业的学生，2015年毕业后，一直从事医疗器械方面的研发工作，去年入职瑞炯医疗器械（上海）有限公司，目前任公司技术研发部主管。工作五年多，周杰已经独立负责8个项目，他认为，当一个医疗器械研发项目的负责人需要扎实的技术功底和良好的协调能力，平时工作强度很大，但也非常有成就感，他把自己取得的进步归因于爱钻研。

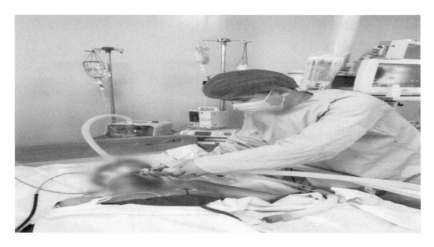

2019年，周杰接了一个智能化医疗轮椅"爬梯机器人"的项目，可以实现自动爬楼梯、自动站立、自动平躺等功能。作为项目负责人，他负责包括前期方案设计、机械结构设计、电气的整

体规划及 3D 设计等具体事项,指导项目内其他工程师的设计工作及协调处理研发过程中出现的各种问题。2020 年年初,几家医院对他们公司提出了对咳痰机的需求,周杰接下了这个紧急项目。三个多月以来,周杰带领团队与几个医院呼吸科专家沟通,查阅大量的国内外文献、期刊,并通过不同的呼气负压与不同的呼气时间搭配进行上百次的测试,终于测试出一个确保安全的数值,成功解决了这一难题。就是凭着这样一股拼劲和钻研精神,周杰在研发的道路上"痛"并快乐着,越走越顺畅。

这股子拼劲和钻研精神在学生时代的周杰身上便已得到清晰展现。在湖南工业职业技术学院读书期间,周杰曾参加了全国职业院校技能大赛高职组"注塑模具 CAD/CAE 与主要零件加工"赛项的比赛,并获得二等奖。

【案例思考】

新时代如何培养青年大学生的创新意识?

【案例点评】

习近平总书记强调:"创新是社会进步的灵魂,创业是推动经济社会发展、改善民生的重要途径。青年学生富有想象力和创造力,是创新创业的有生力量。"加强创新创业教育,是推进高等教育综合改革、提高人才培养质量的重要举措。

1. 具备创新意识

事实上,创新意识和持续创新能力是面向现代化建设、面向 21 世纪合格人才所必备的素质。创新意识是从事创新活动的出发点。很难设想,一个没有创新意识的人会去开展创新活动,能取得创造性成果。

创新意识有助于提出新问题,为创新人才提供创新的机会。创新人才最重要的特点就在于他们具有强烈的创新意识,以此保证创新的实现,并坚信自己的创造力,敢为天下先。

2. 培养创新能力

古人云:"学起于思,思源于疑"。质疑问难是探求知识、发现问题的开始,没有想象就没有创新,创新的实质是对现实的超越。要超越,就要对现实独具"挑剔"与"批判"的眼光,对周围事物善于发现和捕捉其不正确、不完善的地方。广大青年要积极参加创新实践活动,尝试用创造性的方法解决实践中的问题。越是积极地从事创新实践,就越能积累创新经验,锻炼创新能力,增长创新才干。

3. 拥有求异求实的观念

求异实质上就是换个角度思考,从多个角度思考,并将结果进行比较。求异者往往要比常人看问题更深刻、更全面。但求异并不是随心所欲的行为,相反它是在尊重事实、尊重客观规律的前提下进行的。要使创造后的成果有价值,就要使创造活动的开展符合客观规律。寻找事物客观规律,按规律办事,就是求真求实的过程。创新离不开求真求实,反过来,求真求实本身又是不断创新的过程。

4. 具有坚忍不拔的意志

创新精神是一种奋斗精神。它需要以创造者的奋力拼搏为支点。创新离不开灵感,但灵感是对艰苦劳动的奖赏。创新会遇到挫折和阻挠,最初的想法可能会遭到他人的嘲笑,初级的成果可能经不起他人的推敲,独特的发明可能得不到他人的承认等,这一切都要求创新者有克服挫折和阻挠的毅力和勇气。

5. 建立终身学习的理念

活到老、学到老。在人生的任何阶段都应始终保持对新鲜知识的渴求,勇于抛弃旧知识,乐于学习和接受新知识,使知识常换常新。如果说创新是一棵常青树,那么知识就是滋养树木的长流水,求知就是开发潜能的动力。在创新精神的培养过程中,除了要求大学生具备系统精深的专业知识以外,还必须要有全面、合理的知识结构,注重知识结构的整体性。建立终身学习的理念,不断提升自身知识量的储备,并不断完善自己的知识结构,才能为创新活动提供强有力的理论保证。终身学习也已成为创新精神的一项重要内涵。

三 塑造创业理想信念的意义

创业精神就是创业者及其团队在创业实践过程中所体现的具有变革性、开创性的思想、观念、道德、个性、意志、作风和品质等行为特征的高度凝练。创业精神塑造的核心在于培养创业素质和开拓精神,使大学生更好地融入我国创业型经济建设之中。大学生创业精神的塑造是一项系统的工程,同时它还是一项长期工程。少年强则国强,而国强则少年更强。只有祖国富强,人民的生活水平才会大大提高,才能给大学生提供更多的发展机遇。

【案例呈现】

农村女孩打拼成董事长

2015年3月6日,长沙市妇联举办农历新年首场"男女平等"国策宣传演讲。讲台上,一个年轻高挑的女孩侃侃而谈,那份自信和淡定,令在座听众赞叹。这个女孩名叫刘萍,是长沙一家民办英语培训机构——睿德教育咨询有限公司的创始人、董事长。

1989年出生的刘萍,来自隆回偏僻山区一家农民家庭。2007年填写高考志愿时,她填报了湖南工业职业技术学院会计专业。因为对会计专业没多大兴趣,进大学后,刘萍一度感到迷茫、苦恼。经过多方考虑,她最后选择了英语这个方向。在她看来,英语不仅是她的特长,而且未来社会肯定需要越来越多的英语人才。

付出就有回报。通过半年的培训,她的英语水平大为提高。她甚至利用课余时间,在学校担任助教,同时在外兼职。

刘萍蛮拼的。大三时,刘萍应聘到"疯狂英语",到长沙各个高校和中小学去做宣传。短短一年时间,从最基层的销售干起,一直升到了一个教学点的"一把手",凭的就是她的"拼劲"。

2010年下半年,她所在的培训机构发生的"股东失联"事件,又一次改变了刘萍的人生航向。股东失联了,她手头还有几十个学生的学费没有上交,总费用近10万元。这时,她如果说,学费上交了,家长们也无可奈何。然而,她告诉了家长们实情,而且将学费退还给了学生。

刘萍的这一举动,赢得了家长们的信赖,纷纷要求刘萍自己办培训班。于是,在明德中学旁边,刘萍租用一间70平方米的平房,办起一个属于自己的培训班,也获得了人生的"第一桶金"。

2011年2月,刘萍注册"睿德"品牌,在中南大学铁道学院附近租房组建培训机构,正式开始了自己的创业之路。后来,她又相继在湖南女子学院附近和五一路上办起了两个校区。如今,她的3个校区共有在培学生1000余人,安排40多个大中专学生就业。

【案例思考】

对大学生进行创业理想信念的塑造有何时代意义?

【案例点评】

理想信念教育是大学生创业教育的永恒主题。教育,简单来说就是培养人的一种活动。通过一系列的思想政治教育,帮助大学生树立远大的创业理想,锻炼过硬意志,不仅能够使大学生深刻认识创业价值和人生价值,把握社会发展规律,勇于开拓创新事业,还能够使其在面对创业道路上的艰难困苦产生源源不竭的动力,形成创业者特有的精神品质,增强国家和民族的历史使命感,才有可能收获创业的胜利果实。

理想来源于现实,但高于现实,在一定条件下可以转化为现实。"在一定条件下"指的就是实践,否则就是空谈。高校应当开展一系列丰富多彩的社会实践活动,帮助大学生将所学到的科学理论真正做到内化于心外化于行。以饱满的热情去接受自主创业目前所面临的机遇和挑战,以高远的理想为引导,以顽强的意志去克服困难,方能获得创业的成功。

经常参加各类创新创业项目的大学生在以下几个方面的能力都得到显著地提高。

(1)团队意识和全局观增强。创新创业项目都是以集体为单位,因此大学生在参赛过程中,以集体的利益为重。团队成员之间相互沟通、扬长避短,各自发挥自己的优点。

(2)有利于综合素质的提高。在参赛过程中,比拼的不仅是知识和能力,还要比心理素质。取得创新创业项目胜利的团队不仅知识广博、实力雄厚,而且赛场上的心理素质也是非常稳定的。

(3)有利于经营管理能力、组织领导能力、分析决策能力等实践能力的提高。参加创新创业项目需要处理现实的问题或者进行实验的操作,强化了大学生的实践操作能力。

经过课堂的理论学习后,还要通过创新创业实践教学和训练来巩固创新创业教育的成果,从而提高大学生的创新创业实践能力。创业不能总惦记"萝卜白菜",更应该思考什么样的是国家需要的,什么样的是未来需要的,再积极创新、面向未来。

参考文献

[1] 马克思,恩格斯.马克思恩格斯全集[M].北京:人民出版社,1960.
[2] 毛泽东.毛泽东选集[M].北京:人民出版社,1986.
[3] 邓小平.邓小平文选[M].北京:人民出版社,1994.
[4] 习近平.习近平谈治国理政[M].北京:外文出版社,2017.
[5] 中共中央宣传部.习近平新时代中国特色社会主义思想学习纲要[M].北京:学习出版社、人民出版社,2019.
[6] 骆郁廷.思想政治教育引论[M].北京:中国人民大学出版社,2018.
[7] 冯刚.改革开放以来高校思想政治教育发展史[M].北京:人民出版社,2018.
[8] 邱柏生.高校思想政治教育的生态分析[M].上海:上海人民出版社,2009.
[9] (美)泰勒.课程与教学的基本原理[M].北京:中国轻工业出版社,2013.
[10] 谭华.体育史[M].北京:高等教育出版社,2009.
[11] 邵璀菊.新编大学生心理健康教育[M].北京:中国原子能出版社,2009.
[12] 俞国良.现代心理健康教育[M].北京:人民教育出版社,2007.
[13] 杨军.大学生安全知识教育读本[M].北京:北京师范大学出版社,2011.
[14] 郭成.大美育效应[M].北京:北京师范大学出版社,2016.
[15] 程远.马克思主义美育观与当代中国美育建设[D].北京:北京交通大学,2018.
[16] 习近平在全国教育大会上强调坚持中国特色社会主义教育发展道路培养德智体美劳全面发展的社会主义建设者和接班人[N].人民日报,2018-09-11.
[17] 曲冬梅.高校要坚持立德树人的思想引领[N].光明日报,2014(002).